C.H. 매킨토시의
완전한 구원

국립중앙도서관 출판예정도서목록(CIP)

C.H. 매킨토시의 완전한 구원 / 지은이: C.H. 매킨토시 ; 옮긴이: 이종수. -- 제2판. -- [서울] : 형제들의집, 2017
    p. ;   cm

원표제: Gilgal
원저자명: Charles Henry Mackintosh
영어 원작을 한국어로 번역
ISBN 978-89-93141-86-3 03230 : ₩5500

구원[救援]
기독교[基督敎]

231.4-KDC6
234-DDC23   CIP2017002336

C.H. 매킨토시의
완전한 구원

C.H. 매킨토시 지음 | 이종수 옮김

형제들의 집

차례

1장 영광스러운 진리 • 7

2장 죄와 사탄과 세상으로부터의 해방 • 33

3장 그리스도인은 하늘에 속한 사람 • 55

4장 그리스도와의 연합으로 말미암아 • 71

5장 참된 영적 길갈의 체험을 위한 권고 • 87

1 장
영광스러운 진리

"무엇이든지 전에 기록한 바는
우리의 교훈을 위하여 기록된 것이니
우리로 하여금 인내로 또는 성경의 안위로
소망을 가지게 함이니라." (롬 15:4)

"저희에게 당한 이런 일이 거울이 되고
또한 말세를 만난 우리의 경계로 기록하였느니라." (고전 10:11)

1장

영광스러운 진리

"무엇이든지 전에 기록한 바는 우리의 교훈을 위하여 기록된 것이니 우리로 하여금 인내로 또는 성경의 안위로 소망을 가지게 함이니라."(롬 15:4)

이 구절에는 명백한 한 가지 목적이 있습니다. 즉 그리스도인들로 하여금 광범위한 구약성경을 통해 자신의 영적 분량과 영적 필요의 성격이나 깊이에 따라서 교훈과 위로를 얻도록 하려는 것입니다. 이를 뒷받침하는 또 다른 신약성경의 구절은 이것입니다.

"저희에게 당한 이런 일이 거울이 되고 또한 말세를 만난 우리의 경계로 기록하였느니라."(고전 10:11)

신약성경을 읽을 때와 같이 구약성경을 읽을 때에도, 성경을 기록하도록 성경기자들의 마음에 감동을 주신 성령님의 직접적인 가르침에 의지하며 계속해서 주의 깊게 자신의 생각을 비우고 읽어야 합니다. 상상을 함부로 할 때, 잘못된 생각이나 제멋대로의 해석을 하게 됩니다. 그렇게 되면 유익을 얻기는커녕, 우리 영혼에 강력한 영향력을 발휘해야 할 말씀의 능력을 약화시켜 영적인 성장을 방해할 뿐입니다.

우리는 또한 로마서 15장 4절에 우리를 위해 기록된 하나님의 뜻, 즉 "무엇이든지 전에 기록한 바는 우리의 교훈을 위하여 기록된 것"이라는 말씀을 한 순간도 잊어서는 안 됩니다. 이 말씀의 능력 안에서, 이제 독자들을 여호수아서의 서론 부분으로 인도하고자 합니다. 그리고 거기에 제시되어 있는 놀라운 교훈들을 함께 상고해보고, 거기에 계시되어 있는 귀한 영적인 가르침을 받고자 합니다. 만일 성령님이 도우신다면, 요단강변에서 몇 가지 고상한 영적인 교훈들을 배우게 될 것이며, 영적인 성장을 위한 건강하고도 상쾌한 길갈의 체험을 갖게 될 것입니다.

우리는 다 요단강을 죽음에 대한 모형, 즉 이 세상을 떠나 하늘나라로 가는 신자의 죽음으로 보는데 익숙해져 있습니다. 독자들은 다음과 같은 찬송가를 읽거나 들어본 일이 있을 것입니다.

> 모세가 서 있던 그곳에 서서
> 우리도 그가 보았던 곳을 내려다 볼 수만 있다면
> 요단강물이나 죽음의 찬 물결이
> 우리를 두렵게 하지 못할 것이 분명하도다.

하지만 이 소절에 나타나 있는 생각이나 느낌, 그리고 경험은 참된 기독교의 신앙보다 훨씬 낮은 수준의 것입니다. 성경이 우리 영혼에 비추는 참된 빛 가운데서 잠시만 생각해보아도, 이런 요단강에 대한 대중적인 생각이 얼마나 절대적으로 성경적인 통찰력이 부족한가를 생각지 않을 수 없습니다. 만일 우리가 요단강을 건너는 것을 신자의 죽음으로 볼 때, 그렇다면 신자가 죽어서 천국에 가게 되면, 그는 전쟁을 하라는 부르심을 받게 될까요? 절대로 그렇지 않습니다. 천국은 말로 표현할 수 없는 신성하고도 영원한 평안과 안식이 있는 곳입니다. 바다에는 잔물결조차 없고, 그 순결하고 거룩한 곳에는 우리를 놀래킬 만한 것은 아무 것도 없습니다. 전쟁이 없기에 갑옷도 필요하지 않습니다. 옷이 편하기 때문에 허리띠도 필요 없습니다. 의의 흉배도 필요가 없습니다. 왜냐하면 그곳에는 신성한 의로움이 항상 머물기 때문입니다. 신발도 필요 없습니다. 그 아름답고 행복한 곳에는 거친 길이나 가시밭길도 없을 것이기 때문입니다. 그곳에는 무서운 화살이 날아다니지 않을 것이기 때문에 방패 또한 필요하지 않습니다. 하나님의 신성하고 영원한 구원이 우리에게 이루어질 것이기 때문에 구원의 투구도 필요 없습니다. 그 복되고 햇빛 찬란한 천국의 어느 곳에도 원수나 악한 일은 없을 것이기 때문에 검도 필요 없습니다.

그러므로 요단강은 신자들이 죽어서 천국에 가는 것을 의미하지 않습니다. 이스라엘 백성들이 요단강을 건너자마자 전쟁이 시작된 것을 보아도 그렇습니다. 광야에서 아말렉과 싸우기는 했지만 그들의 진짜 전쟁이 시작된 것은 가나안 땅에 들어와서부터입니다. 이것은 조금만 생각해보면 금새 알 수 있습니다.

그렇다면 요단강이 죽음을 상징하는 것이 아니란 말인가요? 물론 요단강은 죽음을 상징합니다. 그러면 신자들은 그것을 건너지 않아도 되는 것일까요? 아닙니다. 반드시 건너야 합니다. 그들이 건너려고 했을 때 그들은 요단강이 마른 땅이 된 것을 발견합니다. 왜냐하면 생명의 주님께서 가장 깊은 곳으로 내려가셔서 자기 백성들을 위해 그들의 영원한 기업으로 인도하는 길을 열어놓으셨기 때문입니다.

모세가 비스가 산꼭대기에 서서 젖과 꿀이 흐르는 약속의 땅을 내려다보기만 했듯이, 그리스도인들도 그렇게 하나님의 신령한 복을 그저 바라보기만 하고 누릴 수 없다는 것은 하나님의 말씀에서도, 그리스도의 복음에서도, 또는 신성한 기독교 신앙 전체를 훑어보더라도 찾을 수 없습니다. 모세는 하나님의 치리 아래 있는 경륜에 의해서 요단강을 건너는 것이 허락되지 않았습니다. 모형적으로 볼 때, 모세는 율법을 상징하기에 율법은 사람들을 영적 가나안으로 인도할 수 없다는 것을 우리는 알고 있습니다.

하지만 참된 여호수아이신 그리스도는 요단강을 건넜습니다. 그뿐 아니라 구속함을 받은 무리들이 하늘의 가나안에 들어갈 수 있도록 마른 땅으로 통과하도록 길을 열었습니다. 그리스도인은 과연 건너갈 수 있는지를 의심하며 죽음의 강둑에 떨며 서 있으라고 부르심을 받은 것이 아닙니다. 강물은 믿음이 있는 자에겐 마른 땅에 불과합니다. 그 세력은 사라졌습니다. 우리의 찬양을 받으실 주님은 "사망을 폐하시고 복음으로써 생명과 썩지 아니할 것을 드러내(딤후 1:10)"셨습니다.

 이것은 우리를 자유롭게 해주는 영광스러운 진리입니다! 이것을 인해 주님을 찬양합시다. 우리를 구원하신 그 큰 능력을 인해 주님을 경배합시다. 사망의 쏘는 것을 제거하시고 사망의 권세를 가진 자인 마귀를 멸하신 주님을, 생명과 빛과 썩지 않음과 영광으로 충만한 곳으로 우리를 인도하시는 주님을 찬양하는 노래를 부르는데 우리의 온 마음을 다 합시다. 우리의 실제적인 삶으로 주님께 영광을 돌립시다.

 우리는 이제 이 위대한 주제에 대한 성경의 가르침을 좀 더 자세히 상고해보고자 합니다. 성령님께서 우리를 친히 가르치시는 교사가 되어 주시길 빕니다.

 "여호수아가 아침에 일찌기 일어나서 이스라엘 사람들로 더불어 싯딤에서 떠나 요단에 이르러서는 건너지 아니하고 거기서 유숙하니라 삼 일 후에 유사들이 진중으로 두루 다니며 백성에게 명하여 가로되, 너희는 레위 사람 제사장들이 너희 하나님 여호와의 언약궤 메는 것을 보거든 너희 곳을 떠나 그 뒤를 좇으라. 그러나 너희와 그 사이 상거가 이천 규빗쯤 되게 하고 그것에 가까이 하지는 말라. 그리하면 너희 행할 길을 알리니 너희가 이전에 이 길을 지나보지 못하였음이니라."(수 3:1-4)

이스라엘 역사에는 독자들이 깊이 생각해야만 하는 세 가지 매우 중요한 요소가 있습니다. 첫 번째는 애굽 땅에서 집문 좌우 설주와 인방에 바른 피, 둘째로는 홍해, 그리고 세 번째로는 요단강입니다.

이 세 가지 모두는 그리스도의 죽으심에 대한 모형입니다. 각각은 매우 중요한 진리를 담고 있는데, 이는 그리스도의 고귀한 죽음에는 다양한 측면들이 있기 때문입니다. 그리스도인들에게 있어서 이 그리스도의 죽음이 가지고 있는 심오한 비밀을 연구하는 것보다 더 유익한 일은 없습니다. 또한 여기엔 엄청난 비밀이 담겨 있기 때문에 우리의 마음을 다른 데로 끄는 대로 끌려가서는 안됩니다.

이런 비밀은 영원세계에서만 풀릴 수 있는 깊이와 높이를 가지고 있습니다. 이제 성령님의 강력한 역사 아래서, 성경의 완전한 빛 안에서, 우리 속사람을 강하게 하고 안위를 받도록 해주고, 또한 우리 영혼이 새롭게 되는 역사를 기대하면서 이러한 것들을 상고해 본다면, 우리의 기쁨은 넘치도록 충만하게 될 것입니다.

 그렇다면 우선적으로 유월절 어린양의 피로서 모형화된 그리스도의 죽음을 생각해보도록 합시다. 그 속에서 우리는 하나님의 심판에서 우리를 가려주는 효력을 보게 됩니다.

> "내가 그 밤에 애굽 땅에 두루 다니며 사람과 짐승을 무론하고 애굽 나라 가운데 처음 난 것을 다 치고 애굽의 모든 신에게 벌을 내리리라. 나는 여호와로라. 내가 애굽 땅을 칠 때에 그 피가 너희의 거하는 집에 있어서 너희를 위하여 표적이 될지라. **내가 피를 볼 때에 너희를 넘어가리니 재앙이 너희에게 내려 멸하지 아니하리라.**"
> (출 12:12-13)

굳이 말씀드릴 필요도 없지만, 죄에 익숙하고 의식적으로 죄를 짓는 영혼에게 장차 올 진노와 심판으로부터 하나님이 피난처를 예비하셨음을 아는 가장 의미심장한 순간에 이르렀습니다. 성경적인 복음을 합당하게 잘 배운 사람이라면 단 한 순간이라도, 그리스도의 죽으심에 대한 이런 측면을 과소평가하지 않을 것입니다.

"내가 피를 볼 때에 너희를 넘어가리라."

이스라엘 민족이 안전한 상태(safed)에 있는 것은 하나님이 피에 그 가치를 두셨기 때문입니다. 하나님은 "너희가 피를 볼 때에"라고 말씀하지 않으셨습니다. 심판자가 피를 보았습니다. 심판자는 피의 가치를 알았고, 그 집은 심판을 면했습니다. 이스라엘은 어린양의 피에 의해서 죄들(sins)이 가려졌고 심판을 면했습니다. 즉 피에 대한 우리의 판단이 아니라, 바로 하나님의 판단에 의해서 된 일입니다. 이 얼마나 귀한 사실입니까!

그리스도의 피에 대해 생각할 때, 하나님의 생각보다는 우리의 생각으로 가득차기가 얼마나 쉽습니까! 우리는 그 보배로운 피에 대해 마땅히 귀하게 여겨야 할 만큼 여기지 않는지도 모릅니다. 누가 그 피에 대한 정당한 가치를 산정했습니까? 또 그렇게 할 수 있는 사람이 누구일까요? 참으로 슬픈 일이지만, 우리는 종종 그리스도의 사역에 대한 정당한 평가를 내리는 일에서, 또 그리스도의 인격에 대한 애정을 품는 일에서 실패하며, 그럴 경우 거의 예외없이 과연 우리가 하나님의 심판으로부터 안전한지 의문을 품기 시작합니다.

만일 우리의 안전이 비록 지극히 적은 정도일지라도 그리스도의 사역에 대한 우리의 평가나 또는 그리스도의 인격에 대한 우리의 사랑에 달려 있거나, 아니면 율법준수 여부에 달렸다고 생각할 때, 우리는 매우 심각한 위험 가운데 처하게 됩니다. 그렇다면 이제 중요해지는 것은 우리가 그리스도의 사역에 대해 정당한 평가를 해야만 하고, 또 우리가 그리스도를 마땅히 사랑해야만 한다는 것입니다. 과연 누가 그 사실을 부인할 수 있을까요? 하지만 만일 이 모든 것이 의롭게 되는 것의 근거가 된다면, 그리고 우리의 안전이 그 요구에 대한 우리의 반응에 달려 있다면, 그렇다면 우리가 율법을 범한 터 위에 서 있는 것보다 우리는 더욱 큰 위험 가운데 처하게 되며, 더욱 공의로운 정죄 아래로 떨어지게 될 것이 분명합니다.

왜냐하면 그리스도의 요구가 모세의 율법의 요구보다 더 높은 만큼, 또 기독교 신앙의 수준이 율법의 수준보다 더 높은 만큼, 우리의 상황은 더 나빠지게 되고, 더 큰 위험에 빠지게 되며, 평안과는 더욱 거리가 멀어지게 되기 때문입니다. 만일 우리의 안전이 이같이 더 높은 요구에 대한 우리의 응답에 달려 있다면 정말 그렇게 될 것입니다.

그렇다고 우리가 그러한 요구에 대해 응답할 필요가 없는 것이 아니라는 점을 항상 기억해야 합니다. 우리는 반드시 응답해야 합니다. 하지만 우리는 한 적이 없습니다. 따라서 우리가 그리스도의 요구에 직면해있는 한, 그리고 우리가 이와 관련되어 있는 한, 우리의 타락과 범죄는 다만 더욱 현저히 드러나게 되며 우리를 정죄하는 정죄는 더욱 공의로운 것이 됩니다. 왜냐하면 우리는 그러한 요구에 응하지 않았기 때문입니다. 만일 우리가 그리스도의 가치에 대한 우리의 판단에 의해서, 그리스도의 요구에 대한 우리의 응답에 따라서, 그리고 그분의 사랑에 대한 우리의 감사여부에 의해서 구원을 받는다고 할 것 같으면, 우리는 모세 율법의 공의로운 요구 아래 있을 때보다 더욱 나쁜 상황에 빠지게 될 것입니다.

하지만 하나님을 찬송합시다. 우리는 그런 상황 아래 있지 않습니다. 우리는 은혜로 구원받았습니다. 거저 주시는 은혜, 하나님의 주권적인 은혜, 그리고 신성하고도 영원한 은혜에 의해서 구원받았습니다. 은혜에 대한 우리의 느낌에 의해서가 아닙니다. 피에 대한 우리의 평가에 의해서가 아니라, 피 자체에 의해 보호를 받고 있는 것입니다.

그 무섭고 두려운 밤에, 여호와 하나님은 "너희가 피를 볼 때에, 피에 대해 너희가 바른 평가를 할 때에, 너희를 넘어 가리라."고 말씀하지 않았습니다. 전혀 그렇지 않습니다. 이것은 하나님의 방법이 아닙니다. 하나님은 자기 백성들을 보호하기를 원하셨고 그들이 완전하게, 즉 하나님의 능력으로 보호를 받고 있다는 사실을 알기를 원하셨습니다. 그러므로 하나님은 그 문제를 전적으로 신성한 기반 위에 두셨습니다. 하나님은 그 문제를 그들의 손으로부터 취하셔서, 그들로 하여금 그들의 안전이 단순하면서도 전적으로 피에 있으며, 피에 대한 하나님의 평가에 있음을 확신토록 하셨습니다. 하나님은 그들이 직접 피난처를 준비할 필요가 전혀 없음을 깨닫도록 하셨습니다. 피난처를 준비하는 것은 하나님의 몫이었습니다. 하지만 그것을 누리는 것은 우리들의 몫입니다.

따라서 그 기념할만한 날, 밤에 여호와 하나님과 이스라엘 백성 사이에 피가 있었습니다. 마찬가지로 예수 그리스도의 피가 하나님과 이제 예수님을 단순히 믿고 신뢰하는 영혼 사이에 있습니다. 우리는 우리의 사랑이나 우리의 평가나, 우리의 그 어떤 것에 의해서 구원받는 것이 아닙니다. 우리는 그리스도의 피에 의해서 구원받으며, 피에 대한 하나님의 평가에 의해서 구원을 받습니다.

 피를 바른 좌우 문설주(양쪽 문 기둥)와 인방(문 위쪽 기둥) 안에 심판으로부터 가려줌을 받고, 심판하는 자의 칼에서 안전하게 되어 불에 구운 어린양을 먹었던 이스라엘 백성들처럼 신자들도 장차 올 하나님의 진노로부터 완전하게 보호를 받아 모든 위험으로부터 절대적으로 안전하게 되어, 심판으로부터 가려줌을 받고 주님 자신의 모든 귀중함 속에서 안전을 누리며 그리스도로 만족하는 것입니다.

 하지만 더 놀라운 것이 있습니다.

 혹시라도 아직까지 장차 임할 심판으로부터 자신이 안전한지에 대한 확신이나 평안을 얻지 못한 독자라면 우리가 지금까지 다루어온 이 주제에 대해 깊이 생각하시기를 바랍니다. 하지만 그럼에도 이 주제는 그리스도의 죽음이 우리를 위해 이루신 일 가운데 극히 일부분에 지나지 않는다는 것, (물론 이것만으로도 형용할 수 없을 정도로 귀중한 것이지만) 또한 아시길 바랍니다. 회심 후에도 우리는 참으로 우리에게 얼마나 많은 자기 의(義)라는 누룩이 들러붙어 있는지에 대해 거의 알지 못합니다. 그래서 그것이 얼마나 우리의 평안과 은혜에 대한 누림을 방해하는지 모릅니다. 우리가 우리의 행위에 의해 구원받았다는 생각을 버렸을 때, 우리는 자기 의를 끝냈다는 착각을 합니다.

절대 그렇지 않습니다! 악은 다양한 모습으로 나타납니다. 이 모든 것 가운데 우리가 살펴본 대로, 우리가 마땅히 생각해야 할 만큼 피의 가치를 제대로 생각하지 못했다는 느낌 때문에 우리의 안전을 의심하게 되는 것보다 더 교묘한 것은 없습니다. 이 또한 자기 의의 열매입니다. 우리는 자아를 끝내지 않았습니다. 참으로 우리는 우리의 행위가 우리의 구주가 될 수 없음을 알지만 우리의 느낌이나 감정들로는 그렇게 하려고 합니다. 우리가 하나님을 사랑하고, 또 그리스도께 감사하는 마음을 가지고 있다는 명분 때문에 우리에게 무슨 자격이 좀 있지 않을까 하고 우리도 모르게 생각하는 것입니다.

이제 이 모든 것은 포기되어야 합니다. 우리는 단지 그리스도의 피와 그 피에 대한 하나님의 증거에만 의존해야 합니다. 하나님은 피를 보십니다. 하나님은 그 피에 합당한 가치만을 인정하십니다. 그리고 하나님은 만족하십니다. 우리 또한 이 사실에 만족해야 합니다. 하나님은 이스라엘에게 네가 어떻게 행동하는지를 볼 때, 또 내가 무교병과 쓴 나물과 허리에 띠를 띠고 신발을 신은 것을 볼 때에, 내가 너희를 넘어가리라고 말씀하지 않으셨습니다.

확실히 이 모든 것들은 다 합당한 자기 위치가 있습니다. 하지만 그 합당한 위치는 안전에 대한 근거가 아니라, 교통의 비밀에 대한 것입니다. 이스라엘 백성들은 이제 절기를 지키도록 부르심을 받았습니다. 그것은 보호받은 백성으로서 절기를 지키라는 것이지, 그런 백성이 되기 위해서 지키는 것이 아니었습니다. 이 둘은 아주 다른 것입니다. 그들이 절기를 지킬 수 있게 된 것은 바로 그들이 심판으로부터 하나님의 보호를 받게 되었기 때문입니다. 그들은 자신들에게 더 이상 심판이 없다는 확신을 하나님 말씀의 권위를 통해 가지고 있었습니다. 그리고 그들이 그 말씀을 믿는다면, 그들은 평안과 안전 가운데서 절기를 기념할 수 있을 것입니다.

> "믿음으로 유월절과 피 뿌리는 예를 정하였으니 이는 장자를 멸하는 자로 저희를 건드리지 않게 하려 한 것이며" (히 11:28)

여기에 모든 문제의 깊고도 귀중한 비밀이 담겨 있습니다. 그들이 유월절을 지켰던 것은 믿음에 의한 것이었습니다. 하나님은 "내가 피를 볼 때에 너희를 넘어가리라"고 말씀하셨고, 또 그런 자신을 부인하실 수 없으셨습니다. 그 두렵고 무서운 밤에 이스라엘 백성들의 머리카락

한 개라도 심판을 받았다면 그것은 하나님이 자신의 인격과 성품을 부인하는 것이 되었을 것이고, 하나님 자신이 계획한 자신의 복된 치유책을 부인하는 것이 되었을 것입니다. 반복하지만 이스라엘의 구원은 이스라엘의 상태나 그들이 그에 합당한 자격을 갖추는 것에서 온 것이 아니었습니다. 그것은 단순히 그리고 전적으로 하나님이 보시는 **피의 가치**에 의한 것이었고, 하나님 자신의 **말씀의 진실성과 말씀의 권위**에 의한 것이었습니다.

바로 여기에 우리의 안전이 있습니다! 얼마나 놀라운 평안과 안식인지요! 여기에 우리 확신의 견고한 근거가 있습니다! 그리스도의 피와 하나님의 말씀! 이 두 가지는 신성한 진리로서 참된 것입니다! 이것을 잊거나 잃어버리지 않도록 합시다. 우리가 하나님의 말씀을 받을 수 있고, 또 그리스도의 피를 의지할 수 있는 것은 오직 성령님의 은혜에 달린 것입니다. 또한 다가오는 심판의 문제를 생각할 때 우리 마음에 평안을 주는 것은 오직 하나님의 말씀과 그리스도의 피에 의한 것이며 다른 것은 없습니다. 왜

그렇습니까? 바로 심판이 이미 집행되었다는 완전한 증거로서 피가 은혜를 베푸는 보좌인 시은좌(the mercy-seat)에 뿌려져있기 때문입니다.

"주님이 나무에 달려 나를 위해 심판을 받았네.
이제 죄인이 주님과 함께 자유케 되었네."

그렇습니다. 모든 찬송을 그분의 이름에 돌려드립시다. 이제 단순하게 하나님의 말씀을 통해서 하나님을 믿고, 또 그리스도의 보배로운 피를 의지하는 모든 영혼에게 하나님은 영원히 함께 하십니다. 그리스도의 피가 자신의 모든 죄를 사했음을 믿고 의지하는 영혼이 심판을 받는다는 것은 그리스도께서 심판받을 수 없는 것처럼 절대로 불가능한 일입니다. 피로써 보호를 받는 모든 사람은 그리스도께서 안전하신 것만큼 하나님께서 안전하게 보호하십니다. 이는 심판받아 마땅한 가련한 죄인조차도 믿음으로 그런 말을 할 수 있음을 생각할 때, 참으로 경이로운 일입니다.

참으로 복된 사실은 바로 이 방법이 아니면 아무런 방법이 없다는 것입니다. 만일 신자의 안전에 관하여 어떤 문제가 제기된다면 그리스도의 피가 시은좌에 뿌려져 있지 않거나, 아니면 하나님의 심판에서 그 피가 중요치 않은 것이 될 것입니다. 만일 안전이 우리의 상태, 우리의 가치, 우리의 감정, 우리의 경험, 우리의 행함, 우리의 사랑, 우리의 헌신, 그리고 우리의 그리스도에 대한 감사 등에 달려 있다면, "내가 피를 볼 때에 너희를 넘어가리라"는 하나님의 영광스러운 선언은 이제 더 이상 아무 능력도, 아무 가치도, 또한 아무 진실성도 없는 것이 되고 말 것입니다. 그렇게 된다면 하나님의 말씀은 전적으로 바뀌어야 하며, 어둡고 냉랭한 그림자가 천상세계를 뒤덮게 될 것입니다. 그리고 하나님의 말씀은 "내가 피를 보고 또 거기에 추가하여 당신의 (……)을 볼 때에"와 같이 변해야 할 것입니다.

  하지만 구원을 갈망하는 사랑스런 독자 여러분, 결단코 그런 일은 없습니다. 심판자이신 하나님의 요구를 완전하게 만족시켜드렸으며, 하나님이 친히 말씀하셨기 때문에 그것을 단순하게 믿는 모든 영혼을 온전히 보호해주는 보배로운 피에 더하여 아무 것도 더할 것이 없습니다. 깃털 하나의 무게만큼도, 머리카락의 넓이만큼도, 심지어는 눈썹의 움직임만큼도 더할 것이 없습니다. 만일 의로우신 재판장이신 하나님 자신이 만족했음을 선언하셨다면, 죄를 범한 죄인 또한 확실히 만족케 되는 것입니다. 하나님은 예수님의 피로써 만족하셨습니다. 마찬가지로 우리 영혼도 만족될 때 모든 것이 해결된 것이고, 심판의 문제에 관한한 평안을 가지게 됩니다.

"그러므로 이제 그리스도 예수 안에 있는 자에게는 결코 정죄함이 없나니"(롬 8:1)

그리스도께서 이미 죄인을 대신해서 정죄를 다 받으셨는데 어떻게 정죄함이 남아 있을 수 있을까요? 신자가 심판으로부터 면제되었다는 사실을 의심하는 것은 하나님을 거짓말쟁이로 만드는 것이며 그리스도의 피의 효력을 무효화하는 것입니다.

독자들은 지금까지 (매우 중차대한 문제인) 구원의 문제만 다루어왔음을 주목하실 것입니다. 하지만 이제부터는 그리스도의 죽음을 통해서 (그 자체로서도 매우 복된 것인) 하나님의 심판과 진노로부터 자유를 얻는 축복 보다 우리를 위해 훨씬 더 많은 다른 축복들이 이루어졌음을 살펴보게 될 것입니다. 비할 데 없는 그리스도의 희생은 심판자이신 하나님으로부터 우리를 건진 것보다 더 많은 일들을 이루었습니다.

하지만 지금은 잠시 멈추어 서서 다음 장으로 넘어가기 전에, 다음과 같은 엄숙하고도 진지한 질문을 독자에게 드리고자 합니다.

"당신은 진정 예수님의 피로써 보호를 받고 있는 사람입니까?"

사랑하는 독자여, 당신이 분명하게 조금의 주저도 없이 "네 그렇습니다."라고 말할 수 있을 때까지 결코 마음을 놓지 말기를 바랍니다. 당신이 피에 의해 보호를 받고 있든가 아니면 영원한 심판의 두려움에 놓여 있든가, 이 둘 중 하나에 속해 있음을 잊지 마십시오.

2장
죄와 사탄과 세상으로부터의 해방

"그 날에 여호와께서 이같이 이스라엘을

애굽 사람의 손에서 구원하시매

이스라엘이 바닷가의 애굽 사람의 시체를 보았더라

이스라엘이 여호와께서 애굽 사람들에게 베푸신 큰 일을 보았으므로

백성이 여호와를 경외하며 여호와와 그 종 모세를 믿었더라

이 때에 모세와 이스라엘 자손이 이 노래로 여호와께 노래하니"

(출 14:30-15:1)

2장

죄와 사탄과 세상으로부터의 해방

앞에서 우리는 피의 보호 아래 놓여 있는 이스라엘에 대해 살펴보았습니다. 이는 굉장한 축복이며, 매우 확실한 구원의 보증입니다. 누가 그 진정한 의미를 합당하게 측량할 수 있을까요? 인간의 어떤 언어가 어린양의 피를 통해서 하나님의 심판으로부터 가려줌을 받은 사람의 그 엄청난 축복을 다 설명할 수가 있을까요? 그런 사람은 진노와 심판이 결코 임할 수 없는 거룩한 영역 안에서 보호를 받고 있습니다. 죄를 미워하시는 하나님의 진노에서 우리를 완벽히 안전하게 건져내신, 보배로운 피를 흘리신 어린양 예수님을 의지하는 사람의 특권에 대해 제대로 다 말할 수 있는 사람이 있을까요?

하지만 이것 외에도 훨씬 복된 것이 있습니다. 하나님의 구원 안에는 심판과 진노로부터의 구출 보다 더욱 더 놀라운 것이 포함되어 있습니다. 우리는 우리의 죄들(sins)이 사함 받았다는 온전한 확신과 하나님이 우리의 죄 때문에 우리를 결코 심판하지 않으신다는 확신을 가질 수 있습니다. 하지만 그것은 참된 그리스도인의 신분이 주는 즐거움에는 훨씬 미치지 못합니다. 우리는 다양한 모양으로 우리 자신에 대하여 두려운 마음으로 가득 찰 수가 있습니다. 이러한 두려움은 우리 속에 내주하는 죄, 사탄의 권세, 그리고 세상의 영향력에 대한 자각으로 생기는 것입니다. 이 모든 것이 우리 앞에 문제가 되어 이로 인해 우리 마음은 엄청난 두려움으로 가득 하게 될 수 있습니다.

예를 들어 출애굽기 14장에서 우리는 굉장한 슬픔 가운데 빠진 이스라엘 백성들이 두려움에 압도되어 있는 것을 보게 됩니다. 그들이 그 순간만큼은 자신들이 피의 보호 아래 있어온 사실을 잊어버린 듯이 보입니다.

성경 본문을 보십시오.

"여호와께서 모세에게 일러 가라사대 이스라엘 자손을 명하여 돌쳐서 바다와 믹돌 사이의 비하히롯 앞 곧 바알스본 맞은편 바다가에 장막을 치게 하라 바로가 이스라엘 자손에 대하여 말하기를 그들이 그 땅에서 아득하여 광야에 갇힌바 되었다 할찌라 내가 바로의 마음을 강퍅케 한즉 바로가 그들의 뒤를 따르리니 내가 그와 그 온 군대를 인하여 영광을 얻어 애굽 사람으로 나를 여호와 인줄 알게 하리라 하시매 무리가 그대로 행하니라 혹이 백성의 도망한 것을 애굽 왕에게 고하매 바로와 그 신하들이 백성에 대하여 마음이 변하여 가로되 우리가 어찌 이같이 하여 이스라엘을 우리를 섬김에서 놓아 보내었는고 하고 바로가 곧 그 병거를 갖추고 그 백성을 데리고 갈새 특별 병거 육백승과 애굽의 모든 병거를 발하니 장관들이 다 거느렸더라 여호와께서 애굽 왕 바로의 마음을 강퍅케 하셨으므로 그가 이스라엘 자손의 뒤를 따르니 이스라엘 자손이 담대히 나갔음이라 애굽 사람들과 바로의 말들, 병거들과 그 마병과 그 군대가 그들의 뒤를 따라 바알스본 맞은편 비하히롯 곁 해변 그 장막 친데 미치니라 바로가 가까와 올 때에 이스라엘 자손이 눈을 들어 본즉 애굽 사람들이 자기 뒤에 미친지라 이스라엘 자손이 심히 두려워하여 여호와께 부르짖고"(출 14:1-10)

이제 우리는 '과연 이들이 피의 보호 아래, 완전한 안전 가운데 있었던 그 사람들이 맞단 말인가?' 라는 질문이 하고 싶어 질 것입니다. 바로 그들이 맞습니다. 그렇다면 어떻게 이러한 두려움이 임하였으며 이처럼 강력한 공포를 느끼고, 또 이처럼 고뇌에 찬 울부짖음은 무엇 때문에 일어난 것일까요? 그들은 정말 여호와께서 결국 자신들을 심판하시고 멸하신다고 생각했을까요? 그런 것이 아니었습니다. 그렇다면 그들은 무엇이 두려웠던 것일까요? 그들은 광야에서 멸망당하는 것을 두려워했던 것입니다.

"그들이 또 모세에게 이르되 애굽에 매장지가 없으므로

당신이 우리를 이끌어 내어 이 광야에서 죽게 하느뇨 어찌하여 당신이 우리를 애굽에서 이끌어내어 이같이 우리에게 하느뇨 우리가 애굽에서 당신에게 고한 말이 이것이 아니뇨 이르기를 우리를 버려 두라 우리가 애굽 사람을 섬길 것이라 하지 아니하더뇨 애굽 사람을 섬기는 것이 광야에서 죽는 것보다 낫겠노라." (출 14:11-12)

이 모든 일은 참으로 우울하고 침울한 마음이 들게 합니다. 그들의 가련한 마음은 애굽에서의 무덤과 광야에서의 죽음 사이에서 오락가락하는 듯이 보입니다. 여기엔 구원의 여망도 없습니다. 그들에겐 하나님의 목적과 하나님의 구원, 그 둘 중 어느 것 하나도 확실한 것이 없었습니다. 모든 것이 칠흑 같은 어두움이고 완전한 절망일 뿐입니다. 그들은 막다른 곳에 갇혀 있었습니다. 그들은 그 어느 때보다도 좋지 못한 상황에 처해 있는 듯 보입니다. 그들은 전심으로, 애굽에서 벽돌 찍고, 그루터기만 남은 밭에서 이삭 줍던 시절로 돌아가고 싶어 했습니다. 그들 양 옆에는 산들이, 앞에는 바다가, 뒤에는 바로와 그의 무서운 군대가 있었습니다.

상황은 전적으로 소망 없어 보입니다. 그들의 머리로 생각하는 한, 그것은 정말 소망 없는 상황이었습니다. 그들은 전적으로 무력했고 그 상황에서는 그것을 인정할 수밖에 없었습니다. 그 과정은 매우 고통스러웠습니다. 하지만 이는 매우 유익했고 값진 것이었습니다. 그리고 무엇보다 그들 모두를 위해 지극히 필요했던 일이었습니다. 우리는 반드시 어떤 식으로든, 우리에겐 능력이 없다는 사실의 진정한 의미와 그 깊이를 배워야 합니다. 무력하다는 것이 무엇을 의미하는지를 우리가 알아내는 것에 비례해서 우리는 하나님의 합당한 때(due time)를 깨달을 수 있는 준비가 되기 때문입니다.

여기서 우리는 "하나님의 백성들이 홍해에서의 이스라엘의 경험을 통해 무언가 배울 것이 있는가?"라는 질문을 할 수 있습니다. 분명히 있습니다. 우리는 이스라엘 백성들이 경험한 것들이 우리의 교훈을 위한 본과 모형이라고 알고 있습니다. 그래서 분명 홍해에서의 장면 또한 우리를 위한 교훈으로 가득하다고 말할 수 있습니다.

우리는 하나님의 자녀들이 자신들의 상태와 전망에 대해 얼마나 깊이 낙심하며 얼마나 자주 절망 가운데 빠지는지를 발견하곤 합니다! 이것은 그들이 하나님의 사랑이나 예수님의 피의 효력에 대해서 의심해서가 아닙니다. 더더욱 하나님이 자신들의 죄를 인정하시거나 그래서 자신들을 심판하실지도 모르신다는 생각 때문에 그런 것도 아닙니다. 그런 것보다는 완전한 구원에 대한 확신이 없는 것이 문제입니다.

  그들은 아직 그리스도의 죽음을 자신들의 악한 본성에 적용하는 법을 모르고 있습니다. 그들은 영광스러운 사실, 곧 그리스도의 죽으심을 통해 자신들이 악한 세상, 내주하는 죄의 통치, 심지어는 사탄의 권세로부터 완전한 구원을 받았다는 진리를 아직 깨닫지 못하고 있기 때문입니다. 그들은 예수님의 피가 하나님의 심판으로부터 자신들을 가려주었다는 것을 어느 정도는 압니다. 하지만 영원한 구원으로부터 오는 완전하고, 밝고, 행복하며, 해방된 확신은 아직 없습니다. 모형적으로 말하자면, 그들은 홍해를 건너기 전 애굽의 영역에 속해 있기 때문에 이 세상 임금의 손에 다시 떨어질 위험 가운데 있습니다. 그들은 바닷가에서 그들의 모든 대적이 죽은 것을 아직 보지 못하고 있습니다. 그들은 구속의 노래를 부를 수가 없습니다. 믿음으로 홍해를 건너 광야 쪽에 서있지 않는 한 어느 누구도 그 노래를 부를 수는 없습니다. 다른 말로 하자면 자신이 죄와 세상과 사탄으로부터의 완전한 구원을 받았음을 알기 전에는 구속의 노래를 부를 수가 없는 것입니다.

따라서 출애굽기 처음부터 15장까지의 이스라엘의 역사적인 사실들을 생각해볼 때, 우리는 그들이 홍해 바다를 건너기 전까지는 전혀 찬송을 부르지 않았다는 사실을 발견하게 됩니다. 우리는 바로의 감독들의 잔혹한 채찍질과 애굽의 벽돌 굽는 고역 아래서 극심한 고통으로 부르짖는 소리를 듣습니다. 또한 우리는 믹돌과 홍해 사이에서 큰 두려움으로 부르짖는 소리도 듣습니다. 우리가 듣는 것은 이러한 것이 전부입니다.

홍해 바다물이 사망과 어둠의 땅과 자신들 사이를 엄몰하여 대적의 모든 권세가 깨어지고 사라지기까지 그들에게는 찬송 한 소절도, 승리를 기념하는 한 줄의 축시도 없었습니다.

"그 날에 여호와께서 이같이 이스라엘을 애굽 사람의 손에서 구원하시매 이스라엘이 바닷가의 애굽 사람의 시체를 보았더라 이스라엘이 여호와께서 애굽 사람들에게 베푸신 큰 일을 보았으므로 백성이 여호와를 경외하며 여호와와 그 종 모세를 믿었더라 이 때에 모세와 이스라엘 자손이 이 노래로 여호와께 노래하니" (출 14:30-15:1)

그렇다면 이제 이 모든 것들이 우리 그리스도인들에게 어떻게 적용될까요? 홍해 바닷가의 장면을 통해 우리가 배울 수 있는 교훈은 무엇일까요? 과연 홍해는 어떤 것의 모형으로 보아야 할까요? 그리고 피를 바른 인방과 갈라진 홍해 바다의 차이점은 무엇일까요?

홍해 바다는 그리스도의 죽음에 대한 모형으로 우리의 모든 영적인 원수인 죄와, 세상과, 사탄에게 적용됩니다. 그리스도의 죽으심을 통해서 신자는 온전히 또한 영원토록 죄의 권세로부터 해방을 받았습니다. 그렇지만 신자는, 아! 죄(sin)의 존재를 의식합니다. 이제 그 죄의 능력은 사라졌습니다. 신자는 그리스도의 죽으심을 통하여 죄(sin)에 대하여 죽었습니다. 죄가 어찌 죽은 사람에 대하여 힘을 행사할 수 있겠습니까? 바닥에 누운 시체처럼, 자신을 죄의 통치로부터 해방된 사람으로 여기는 것이 그리스도인의 특권입니다. 죽은 사람에게 죄가 무슨 힘을 발휘할 수 있을까요? 아무런 힘도 쓸 수 없습니다. 이제 더 이상 그리스도인에 대하여 역사하지 못합니다. 죄는 신자 안에 거하고 여전히 그러할 것이지만, 죄의 통치는 사라졌습니다. 그리스도께서 우리의 옛 주인의 손에서 통치권을 획득하셨고, 그 본체를 깨뜨리셨습니다. 그리스도의 피가 우리가 지은 모든 죄를 없이 해주었고, 그리스도의 죽음은 우리 위에 군림하는 죄의 권세를 깨뜨려버렸습니다.

우리의 죄들(sins)이 사함을 받았다는 것을 아는 것과 "죄의 몸이 멸망을 당했다", 즉 죄의 통치가 끝났고, 죄의 지배가 끝났다는 것을 아는 것은 별개의 문제입니다. 많은 사람들은 자신들의 과거의 죄가 사함 받았다는 것에 대해서는 의심하지 않습니다. 하지만 자신들 속에 내주하는 죄(sin)에 대해서는 무슨 말을 해야 할지 모르고 있습니다. 그들은 결국 그 죄 때문에 심판받지 않을까 두려워합니다. 그러한 사람들은 모형상, "바다와 믹돌 사이"에 있는 사람들입니다. 그들은 로마서 6장의 가르침을 받지 못한 사람들입니다. 그들은 아직 영적인 지각과 이해에 있어서 홍해의 부활 국면에 이르지 못한 사람들입니다. 그들은 죄에 대하여 죽는 것이 무엇이며, 또한 예수 그리스도 우리 주로 말미암아 하나님께 대하여 사는 것이 무엇인지 모르고 있습니다.

이제 독자들은 특별히 사도 바울의 "여기라(reckon)"는 말의 힘에 주목하시기 바랍니다. 여기 이 단어는 우리가 일반적으로 사용하는 "깨달으라(realize)"라는 말과는 모든 면에서 얼마나 다른지 생각해보아야 합니다. 깨달으라는 단어는 자연적이고 인간적인 의미로 많이 사용하는 말입니다. 우리는 물리적이고 물질적인 사실들은 깨달을 수 있습니다. 하지만 영적인 진리에 관한 일은 깨닫는 문제가 아니라, 여기는 문제입니다.

내 자신이 죄에 대하여 죽었다는 것을 어떻게 깨달을 수가 있습니까? 내 자신의 모든 경험과 느낌, 내적인 자각은 이 진리에 대해 전혀 동의할 수 없어 보입니다. 나는 내가 죽은 것을 깨달을 수 없습니다. 하지만 하나님은 내가 죽었다고 말씀하십니다. 하나님은 그리스도께서 죽으실 때 나 또한 죄에 대하여 죽은 것으로 여기신다고 내게 확증하십니다. 나는 그것을 믿습니다. 이는 내가 그것을 (사실처럼) 느끼기 때문이 아니라 하나님이 그렇게 말씀하시기 때문입니다. 하나님이 나에 대하여 말씀하시는 그대로 나도 여기는 것입니다. 만일 내가 무죄라면, 또 내 속에 죄가 없다면, 나 자신을 죄에 대하여 죽은 자로 여기라는 말씀을 들을 필요가 없을 것입니다. 또한 다음과 같이 "너희는 죄로 너희 죽을 몸에 왕 노릇 하지 못하게 하여 몸의 사욕을 순종치 말고"와 같은 말씀도 들을 필요가 없습니다. 하지만 내 안에 내주하는 죄가 있기 때문에, 그 죄의 통치로부터 실제적인 해방을 얻기 위해선 죄의 통치가 그리스도의 죽으심을 통해서 깨어졌다는 우리를 해방시켜주는 진리를 배워야 합니다.

 나는 내가 죄에 대하여 죽었다는 사실을 어떻게 알 수 있을까요? 내가 그것을 느끼기 때문일까요? 그렇지 않습니다. 내가 어떻게 그것을 느낄 수 있겠습니까? 그것을 어떻게 깨달을 수 있겠습니까? 몸이 살아있는 동안 그것을 스스로 자각할 수 있을까요? 불가능한 일입니다. 하지만 하나님은 내가 죄에 대하여 죽었다고 내게 말씀하십니다. 그래서 나는 그것을 믿습니다. 나는 그에 대해 이성적으로 따지지 않습니다. 내 안에서 그 진리에 대한 증거를 조금도 발견할 수 없다고 해서 그에 대해 믿을까 말까 망설이지도 않습니다. 나는 하나님이 말씀하신 그대로 하나님을 믿습니다. 나는 하나님이 내 자신에 대하여 말씀하신

대로 내 자신을 그대로 생각합니다.

  나는 실제로는 불가능한 죄 없는 상태에 이르고자 애쓰거나, 노력하거나, 또는 투쟁하지 않습니다. 또 그 상태에 이른 것처럼 상상하지도 않습니다. 그런 생각은 자신을 속이는 것이며 망상일 뿐입니다. 하지만 단순하고 어린아이와 같은 믿음으로 죽었다가 다시 사신 그리스도와의 연합을 통해 믿음이 내게 할당해준 그 복된 터(blessed ground)를 취합니다. 나는 그리스도를 바라보고 하나님의 말씀을 따라 나 자신에 대해 표현한 그대로, 신성한 임재 가운데 그리스도 안에서 나 자신을 봅니다. 나는 나 자신으로부터 시작해서 위를 바라보는 것이 아니라, 하나님으로부터 시작해서 아래로 내려다봅니다. 이것은 엄청난 차이를 가져옵니다. 이것은 바로 불신앙과 신앙의 차이이며, 율법과 은혜의 차이이며, 인간 종교와 신성한 기독교 신앙의 차이입니다. 만일 내가 내 자신으로부터 이치를 따진다면 그 과정은 어둠 가운데서 헤맬 것이며, 내가 내린 결론은 전적으로 거짓말이 될 것입니다. 하지만 그와는 달리 만일 하나님으로부터 이치를 따진다면 그 과정은 하나님의 영원한 진리의 빛 가운데서 수행될 것이며, 내가 내린 결론은 참으로 거룩하고 합당할 것입니다.

 자신의 모든 면에서, 자신의 모든 일에서, 자아를 끝내고 단순하게 기록된 말씀에 의지하고 또 그 말씀이 우리 영혼에게 제시하는 그리스도 안의 안식으로 옮겨준다는 것은 말할 수 없는 자비입니다. 자아에 사로잡혀 있는 마음은 하나님과의 교통에 치명적이며 영혼의 안식에 철저한 방해물입니다. 자기 자신에게 사로잡혀있는 한, 누구라도 평안을 누리는 것은 절대적으로 불가능합니다. 그런 사람은 자아를 끝내고 조금의 의심도 할 수 없는, 순수하고, 보배롭고, 영원한 기록인 하나님의 말씀을 듣고 그 안에서 쉼을 얻어야 합니다. 하나님의 말씀은 결단코 변하지 않습니다. 하지만 나 자신은 변합니다. 나의 생각, 나의 느낌, 나의 경험, 나의 환경 등은 지속적으로 변합니다. 하지만 하나님의 말씀은 어제나 오늘이나 영원토록 동일합니다.

더구나 그리스도만이 하나님 앞에서의 신자들의 신분에 대한 유일한 해답이라는 사실을 깨닫는 것은 매우 중요하고 필수적인 사항입니다. 이 사실은 엄청난 능력과 자유와 축복을 가져다줍니다.

"주의 어떠하심과 같이 우리도 세상에서 그러하니라."
(요일 4:17)

이것은 참으로 놀랍고도 완전한 일입니다. 그 사실을 깊이 묵상해봅시다. 우리 한번 가련하고, 비참하고, 죄악 되고, 죄의 종이며 사탄의 노예이며, 세상 숭배자이기에 영원한 심판, 즉 영원한 지옥 불못에 빠지게 된 사람을 생각해봅시다. 그런 사람이 하나님의 주권적인 은혜로 택함을 받아 사탄의 지배와 죄의 통치와 악한 세상의 권세로부터 완전히 해방되었습니다. 그는 용서받고, 깨끗이 씻김을 받고, 의롭게 되어 하나님께 당당히 나아가게 되었습니다. 또한 그리스도 안에서 받아들여졌으며, 완전하고 영원하게 그리스도와 동일시되었습니다. 따라서 성령님께서는 그리스도께서 어떠하심과 같이 신자도 세상에서 그러하다고 말씀하시는 것입니다.

이 모든 것은 너무 좋아서 사실이 아닌 것처럼 보입니다. 확실히 너무 좋은 것이어서 우리의 힘으로는 도무지 얻을 수가 없습니다. 그러므로 모든 은혜의 하나님이 찬송을 받으셔야 하고, 또 이것을 우리에게 주시기 위해 자신을 희생하신 그리스도께서도 찬양을 받으셔야 합니다. 하나님은 실로 우리를 위해 자신의 독생자를 내어주셨습니다. 하나님은 우리의 무가치함과 사탄의 반대에도 불구하고 우리의 하나님이 되어 주십니다. 하나님은 자신에게 합당한 방법대로, 자신의 사랑하시는 아들을 존중하시는 방법대로 행하십니다. 우리 자신의 무가치함을 생각한다면 우리는 지옥의 가장 깊고도 어두운 구덩이에 떨어지는 것이 마땅합니다. 하지만 하나님은 우리에게 가치 있는 것을 주시려고, 그리스도의 가치에 대한 그분의 높은 평가에 따라 천국에서 가장 높은 위치에 계신 그리스도를 우리에게 주십니다. 우리를 다루시는 하나님의 역사 속에는 하나님의 영광과 그분의 아들의 보배로우심이 포함되어 있습니다. 따라서 우리의 영원한 복에 장애가 될 수 있는 모든 것은, 하나님의 영광을 확실하게 하고 또 대적의 모든 송사에 대해 승리할 수 있는 방법으로 이미 처리되었습니다.

우리의 허물이 문제가 될까요? 하나님은 우리의 모든 죄와 허물을 사하셨습니다.

죄(sin)가 문제입니까? 하나님은 이미 죄를 정죄하셨습니다.

죄책감이 문제가 될까요? 십자가의 피로써 죄책감을 해결하셨습니다.

죽음이 문제가 될까요? 하나님은 사망의 쏘는 것을 제거하셨습니다.

사탄이 문제가 됩니까? 하나님은 사탄을 멸하셨습니다.

세상이 문제가 됩니까? 하나님은 우리를 세상에서 건져 내셨으며, 우리와 세상과의 연결된 모든 고리를 끊으셨습니다.

그러므로 사랑하는 그리스도인 독자 여러분들이여. 우리가 만일 성경으로 가르침을 받고 있다면, 우리가 하나님의 말씀을 통해 하나님을 받아들인다면, 우리가 말씀을 그대로 믿는다면, 그 복된 사실은 우리와 함께 합니다. 만일 그렇지 않다면 우리는 여전히 죄 가운데 있고, 죄의 권세 아래 있으며, 사탄의 손아귀에 있고, 죽음에 매여 있으며, 악의 일부로서 같은 부류로 남아 있게 되며, 그리스도도 없고, 하나님도 없으며, 세상에 속해서 영원한 불의 심판인 하나님의 극렬한 진노에 노출되어 있음을 한 번 더 말씀드리지 않을 수가 없습니다.

오, 복되신 성령님께서 하나님의 백성들의 눈을 열어주셔서 부활하신 후 영광 가운데 들어가신 그리스도와의 연합 속으로 우리가 들어가게 된 것과, 부활에 근거한 우리들의 정확한 신분과 우리들의 합당한 분깃을 알게 해주시기를 간구합니다.

3장
그리스도인은 하늘에 속한 사람

"주께서 그 구속하신 백성을 은혜로 인도하시되
주의 힘으로 그들을
주의 성결한 처소에 들어가게 하시나이다" (수 15:13)

3장

그리스도인은 하늘에 속한 사람

우리는 지금까지 두 가지 주제를 살펴보았습니다. 첫 번째는 피의 보호 아래 있었던 이스라엘 민족, 두 번째는 홍해 바닷가에 서있던 이스라엘 민족입니다. 이제 우리는 이스라엘 민족이 요단강을 건넌 후, 현 시대 그리스도인의 참된 위치를 나타내는 길갈에서 유월절을 기념한 것에 대해 살펴보도록 하겠습니다.

그리스도인은 어린양의 피에 의해서 심판으로부터 벗어났을 뿐 아니라, 그리스도의 죽으심을 통해 악한 세상에서 해방을 받고, 현재 하나님의 우편에 계신 그리스도와 연합을 이루고 있습니다. 그리스도인은 그리스도 안에서 하늘에 속한 모든 신령한 복으로 복을 받았습니다. 따라서 그리스도인은 하늘에 속한 사람이며, 이 세상에서 하나님의 선하신 손에 의해서 주어진 다양한 관계와 책임 가운데 합당하게 행하도록 부르심을 받은 존재입니다.

그리스도인은 결코 수도사나 신비주의자, 또는 구름 가운데 사는 사람이 아닙니다. 그런 사람은 땅에도 하늘에도 합당치 않습니다. 그리스도인은 꿈속을 걷거나, 안개 속을 더듬거나, 비현실적인 영역에서 사는 사람이 아니라 그와는 반대로 날마다 하늘에 속한 그리스도의 은혜와 미덕을 이 세상의 상황과 환경 속에 반영하는 행복한 특권을 가진 사람입니다. 또한 그리스도인은 성취된 구속의 견고한 터 위에서 무한한 은혜를 통하여 성령의 권능에 의해서 그리스도와 연결된 사람입니다. 신약 성경의 가르침에 따르면 바로 그런 사람이 그리스도인입니다. 성경은 이 사실에 대해 어린아이라도 알 수 있고, 깨달을 수 있고,

제시할 수 있을 정도로 매우 명확하고 또 명백하게 이 사실을 기록하고 있습니다.

게다가 그리스도인은 죄 사함을 받은 사람이며, 영원한 생명을 소유하고 있으며, 또한 자신이 그 사실을 알고 있는 사람입니다. 그리고 자기 속에 성령님이 거하시는 사실을 알고 있습니다. 그리스도인은 하나님께 열납되었으며, (받아들여졌으며), 부활하시고 영화롭게 되신 그리스도와 연합을 이룬 사람입니다. 그리스도인은 그리스도와 함께 죽고 함께 장사됨으로써 세상과의 관계가 끊어진 사람이며, 죄와 율법에 대하여 죽고 자신을 사랑하사 자기 몸을 내어주신 그리스도 안에서 자신의 삶의 목적과 삶의 기쁨과 영적인 활력을 발견하는 사람으로서, 주님의 오심을 날마다 고대하며 사는 사람입니다.

반복해서 말씀드리지만, 이것이 신약성경에서 말하는 그리스도인의 정체성입니다. 오늘날 흔히 자신을 그리스도인이라고 고백하는 사람들의 모습과는 얼마나 다른지 스스로 생각해보시기 바랍니다. 이제 독자들은 하나님이 정하신 기준으로 자신을 평가해보시고, 과연 자신이 어떤 점에서 부족한지 점검해보시기 바랍니다. 이렇게 해봄으로써 하나님의 사랑과 그리스도의 사역, 그리고 성령님의 증거가 존재하는 한, 참된 그리스도인들에게 속한 풍성하며 귀한 모든 신령한 복을 충만하게 누리지 못할 이유가 없다는 것을 확신하며 안식할 수가 있습니다.

율법주의로 인한 어두운 불신앙과 잘못된 신학과 거짓된 종교심은 하나님의 사랑하시는 자녀들에게서 자신들의 합당한 위치와 마땅히 누려야 할 분깃을 강탈해갑니다. 그럴 뿐만 아니라, 그리스도인은 그리스도와의 연합에 의해서 자연스럽게 세상과의 분리를 해야 함에도, 그렇게 하지 않음으로써 많은 그리스도인들이 슬프게도 하늘에 속한 사람으로서의 자신의 위치와 특권에 대해서 거의 알지 못한 채 살아가고 있습니다.

하지만 우리는 이제 여호수아 3-5장을 통해 모형적인 이스라엘의 역사 안에 계시된 교훈을 받고자 합니다.

"여호수아가 아침에 일찌기 일어나서 이스라엘 사람들로 더불어 싯딤에서 떠나 요단에 이르러서는 건너지 아니하고 거기서 유숙하니라 삼일 후에 유사들이 진중으로 두루 다니며 백성에게 명하여 가로되 너희는 레위 사람 제사장들이 너희 하나님 여호와의 언약궤 메는 것을 보거든 너희 곳을 떠나 그 뒤를 좇으라 그러나 너희와 그 사이 상거가 이천 규빗쯤 되게 하고 그것에 가까이 하지는 말라 그리 하면 너희 행할 길을 알리니 **너희가 이전에 이 길을 지나보지 못하였음이니라.**"(수 3:1-4)

이제 독자들은 순전하고 명쾌하게 요단강의 참된 영적인 의미와 그 중요성을 깨달아야 합니다. 홍해바다가 그리스도의 죽음을 예표 하듯이 요단강은 또 다른 면으로 그리스도의 죽음을 나타냅니다. 이스라엘 백성들이 홍해바다를 건너서 광야 쪽에 서있게 되었을 때, 그들은 구속의 노래를 불렀습니다. 그들은 애굽과 바로의 권세에서 해방된 백성들이었습니다. 그들은 자신의 대적들이 바다에 빠져 죽어 있는 것을 보았습니다. 그들은 승리에 찬 감격을 가지고 약속의 땅으로 들어갈 것을 기대할 수 있었습니다.

"주께서 그 구속하신 백성을 은혜로 인도하시되 주의 힘으로 그들을 주의 성결한 처소에 들어가게 하시나이다 열방이 듣고 떨며 블레셋 거민이 두려움에 잡히며 에돔 방백이 놀라고 모압 영웅이 떨림에 잡히며 가나안 거민이 다 낙담하나이다 놀람과 두려움이 그들에게 미치매 주의 팔이 큼을 인하여 그들이 돌같이 고요하였사오되 여호와여 주의 백성이 통과하기까지 곧 주의 사신 백성이 통과하기까지였나이다 주께서 백성을 인도하사 그들을 주의 기업의 산에 심으시리이다 여호와여 이는 주의 처소를 삼으시려고 예비하신 것이라 주여 이것이 주의 손으로 세우신 성소로소이다 여호와의 다스리심이 영원무궁하시도다 하였더라." (출 15:13-18)

이 모든 것은 너무도 장엄한 것이며 신성한 진실이었습니다. 하지만 그들은 아직 가나안 땅에 들어간 것이 아닙니다. 그들과 약속의 땅 사이에 있는 요단강에 대해서는 아직 영광스러운 승리의 노래를 부를 수 없었습니다. 하나님의 목적 안에서나 믿음의 판단에서나 그 땅은 참으로 그들의 것이었습니다. 하지만 실제로 약속의 땅을 얻기 위해서 그들은 실제로 광야를 통과해야만 했고, 실제로 요단강을 건너야만 했습니다.

 구원받은 우리 영혼의 역사 속에서 이 모든 것들이 실제적으로 나타나는 것을 우리는 얼마나 자주 보는지 모릅니다! 처음 회심했을 때, 우리에겐 기쁨과 승리와 찬송 밖에 없었습니다. 우리는 우리 모든 죄가 용서되었음을 알았고 우리 마음은 경이로움과 사랑과 찬송으로 가득했습니다. 믿음으로 의롭다 함을 얻어, 하나님과 화목한 자가 되고, 하나님의 영광을 바라고 즐거워할 수 있었습니다. 그렇습니다. 우리는 우리 주 예수 그리스도로 말미암아 하나님 안에서 기뻐할 수 있었습니다. 이것은 로마서 5장 1-11절의 상태입니다. 그리고 어떤 의미에서는 그 이상 높은 것은 없었습니다. 심지어는 천국에서 조차도, "하나님 안에서 즐거워하는 것" 보다 더 높거나 더 나은 것이 없을 것입니다. 사람들은 종종 로마서 8장이 로마서 5장보다 더 높다는 말을 합니다. 하지만 무엇이 "하나님 안에서 즐거워하는 것" 보다 더 높을 수 있을까요? 만일 우리가 하나님 앞에 나아갔다면, 우리 영혼이 나아갈 수 있는 가장 높은 위치에까지 나아간 것입니다. 하나님을 우리의 분깃이며 안식이고, 처소이며 목적이고 또 우리의 모든 것으로 아는 것, 그리고 하나님 안에서 영적인 모든 자원을 소유하는 것, 언제나 어디서나 어떤 상황에서나 하나님을 우리의 보호자로 아는 것, 이것이 바로 신자들에겐 천국 그 자체인 것입니다.

하지만 로마서 5장과 8장은 차이가 있는데, 바로 6장과 7장이 그 사이에 있다는 것입니다. 우리 영혼이 로마서 6장과 7장을 실제적으로 통과하며 그 안에 담긴 심오하며 귀중한 가르침을 우리 속에 내주하는 죄와 율법의 심각한 문제에 적용하는 방법을 배우게 될 때, 그 때에 우리는 더 높은 수준이라기보다는 분명히 더 나은 상태에 들어가게 될 것입니다.

다시 한 번 말씀드리지만 **"실제적으로 통과할 때"**라는 말을 강조하고 싶습니다. 우리가 만일 하나님이 말씀하신 거룩한 신비 속으로 들어가고자 한다면 반드시 실제적으로 통과하는 일이 있어야 하기 때문입니다. 죄에 대하여 죽고 또 율법에 대하여 죽었다는 것을 말로 하는 것은 쉽습니다. 로마서 6장과 7장에 기록된 내용들을 우리의 이성으로, 단지 이론적으로 깨닫고 이해하는 것도 어렵지 않습니다. 하지만 문제는 과연 그러한 것들이 **실제적으로 나의 것이 되었느냐**는 것입니다. 과연 성령의 능력을 통해서 우리 영혼에 실제적으로 적용해본 적이 있습니까? 놀라운 복과 특권의 자리로 우리를 인도하시는 주님을 위해, 그리고 그것을 우리에게 주시기 위해 자신을 희생하신 그분의 영광을 위해 그러한 것들이 우리 삶에 생생하게 나타나고 있습니까?

지극히 거룩한 믿음의 깊고도 보배로운 이러한 비밀들을 많은 사람들이 단지 지식으로만 인지하고 있다는 사실은 참으로 두려운 일입니다. 이러한 것들은 영적인 능력으로만 소유할 수 있고, 그럴 때 실제적인 결실을 맺을 수가 있습니다.

하지만 우리는 본 주제로 돌아가야만 합니다. 그리고 독자들에게 참으로 요단강의 영적인 중요성을 바로 깨달았는지를 묻고 싶습니다. 요단강의 의미는 과연 무엇일까요? 우리는 요단강이 그리스도의 죽음을 예표 한다는 것을 이미 살펴보았습니다. 그렇다면 어떤 면에서 그렇다는 것일까요? 그리스도의 죽으심은 다양한 측면을 가지고 있습니다. 우리는 요단강이 우리 주 예수 그리스도의 죽으심을 나타낸다는 것은 믿고 있지만, 그것을 통해 해방을 받아 자유를 얻는 것으로는 아직 적용하고 있지 않을 수가 있습니다. 홍해는 이스라엘을 애굽과 바로의 권세에서 해방시켰습니다. 요단강은 그들을 젖과 꿀이 흐르는 가나안 땅으로 들어가도록 했습니다.

우리는 그리스도의 죽음 안에서 이 두 가지를 볼 수 있습니다. 그리스도, 그분의 이름이 찬송을 받으시길! 그분은 십자가에서 죽으심으로서 우리를 우리 죄와 죄책과 정죄로부터 해방시켰고, 또 사탄의 권세와 악한 세상으로부터 우리를 건져냈습니다.

 하지만 이 보다 더욱 중요한 것은 그리스도께서 그 동일한 무한히 보배로운 십자가의 죽음을 통해서 우리를 이제 전적으로 새로운 위치, 즉 하나님 우편에 계신 그분과의 살아 있는 연합 속으로 우리를 이끄셨다는 것입니다. 그에 대한 분명한 가르침이 에베소서 2장에 있습니다.

> "긍휼에 풍성하신 하나님이 우리를 사랑하신 그 큰 사랑을 인하여 허물로 죽은 우리를 그리스도와 함께 살리셨고 (너희가 은혜로 구원을 얻은 것이라) 또 함께 일으키사 그리스도 예수 안에서 함께 하늘에 앉히시니" (4-6절)

 여기 "앉히시니"에서 동사가 완료형으로 사용된 것을 주목해보시기 바랍니다. 사도 바울은 '하나님이 장차 앉히실 것이다' 라고 말하고 있지 않습니다. 그것은 이미 하나님이 우리를 위해 그리스도 예수 안에서 우리에게 이루신 일입니다. 신자는 죽을 때에야 비로소 하늘(heaven)에 들어가려고 기다리고 있는 존재가 아닙니다. 신자는 이미 영원히 사시는 그리스도의 위격 안에 있고, 또한 영광을 받으신 머리이신 주님과 연합되어 영으로, 믿음으로 이미 하늘에 있는 존재들입니다.

 이 모든 것이 사실이며 실제일까요? 이것은 그리스도께서 십자가에 달리시고, 무덤에 묻히신 것만큼이나 사실이며 실제적입니다. 우리가 허물과 죄로 죽어 있었던 것만큼 사실이며 실제적입니다. 하나님의 영원한 진리 만큼이나 사실이며 실제적입니다. 모든 참된 신자 속에 성령님이 내주하신다는 진리 만큼 사실이며 실제입니다.

 독자들이여, 우리는 지금 이 모든 영광스러운 진리가 그리스도인의 매일의 삶 속에서 날마다 실제적으로 일어나고 있다고 말하고 있는 것이 아님을 주목하십시오. 그것은 전혀 별개의 문제입니다. 아! 만일 참된 그리스도인의 위치가 신앙을 고백하는 그리스도인의 실제적인 행위를 통해서 얻어지는 것이라면, 우리는 기독교를 신화나 속임수나 우화로서 포기해야만 할 것입니다.

하지만 하나님께 감사하게도 그렇지 않습니다. 우리는 참된 기독교가 무엇인지를 신약성경에서 배워야 합니다. 우리는 성경에서 배운 후에 신령한 빛을 통해 우리 자신과 우리의 행동과 우리의 환경을 살피고 또 적용해야 합니다. 이러한 방법을 통해서 우리는 우리의 부족함에 대해 고백하고, 애통하는 마음을 가지게 됩니다. 이렇게 할 때 우리의 마음은 무한하신 은혜로 우리를 그러한 영광스러운 위치, 곧 그분의 아들과의 연합과 사귐 속으로 인도하신 하나님께 대한 찬송으로 가득 차게 될 것입니다. 하나님을 찬송합시다! 그 위치는 우리 자신의 상태에 따라 좌지우지 되지 않습니다. 참으로 이 진리를 깨달았다면 이것은 우리 인생 전체와 행동과 성품에 강력한 영향을 미칠 것이 분명합니다.

4장
그리스도와의 연합으로 말미암아

"나의 가는 곳에 네가 지금은 따라 올 수 없으나
후에는 따라 오리라." (요 13:36)

4장

그리스도와의 연합으로 말미암아

요단강에 제시되어 있는 예표적인 교훈들을 묵상하면 할수록 우리가 상고하고 있는 관점에서 그리스도인의 위치에 대해 우리는 더욱 분명히 보게 됩니다. 요단강이 죽음을 의미한다고 할 때 우리는 그것을 꼭 체험해야만 하는데, 그렇다면 우리의 전망은 암울하기만 할 것입니다. 죽음은 죄의 삯입니다. 죄는 사망의 쏘는 것입니다. 만일 우리가 죽음을 대면해야만 한다면, 그것은 참으로 두렵고도 떨리는 일이 될 것입니다.

하지만 하나님께 감사합시다. 사실은 그렇지 않습니다. 위대한 모형인 언약궤가 앞서 요단강으로 들어가서 요단강의 세찬 흐름을 막았고 우리의 발이 마른 땅을 걷도록 했습니다. 그렇게 해서 우리는 하늘에 속한 유업을 얻을 수 있게 되었습니다. 생명의 주님이 우리를 대신해서 사망의 권세를 가진 자를 멸했습니다. 주님은 사망에게서 그 쏘는 것을 제거해버리셨습니다. 그렇습니다. 주님은 죽음이라는 방법을 통해서 죽음을 정복하셨고, 우리는 바로 그 방법을 통해 영으로 또 믿음으로 참된 하늘의 가나안에 이르게 된 것입니다.

이 모든 것이 모형을 통해서 어떻게 계시되었는지를 알아봅시다. 이스라엘 관원들에게 내려진 다음의 명령을 주목해보십시오.

"너희는 레위 사람 제사장들이 너희 하나님 여호와의 언약궤 메는 것을 보거든 너희 곳을 떠나 그 뒤를 좇으라."(수 3:3)

언약궤가 앞서 가야만 했습니다. 그들은 하나님의 임재의 상징인 언약궤가 앞에서 사라질 때까지 그 신비한 길을 따라서 한 발자국도 움직이려고 하지 않았습니다.

"그러나 너희와 그 사이 상거가 이천 규빗쯤 되게 하고 그것에 가까이 하지는 말라 그리 하면 너희 행할 길을 알리니 너희가 이전에 이 길을 지나보지 못하였음이니라."(수 3:4)

그 길은 아무도 모르고, 아무도 가보지 않았던 길이었습니다. 어느 인간도 무사히 지나갈 수 있는 길이 아니었습니다. 죽음과 멸망만이 있는 길이었습니다.

"한번 죽는 것은 사람에게 정하신 것이요 그 후에는 심판이 있으리니"(히 9:27)

공포의 대왕 앞에 설 자가 누구입니까? 누가 잔인하고도 두려운 원수를 대면할 수 있단 말입니까? 누가 요단강의 창일함에 맞설 수 있겠습니까? 가련한 베드로는 자신이 그럴 수 있다고 생각했습니다. 하지만 베드로는 실패했습니다.

그는 예수님께 "주여 어디로 가시나이까"라고 물었고 예수님께서는 "나의 가는 곳에 네가 지금은 따라 올 수 없으나 후에는 따라 오리라"(요 13:36)고 대답하셨습니다.

이 구절들은 이스라엘과 언약궤 사이에 놓인 신비스러운 "거리(space)"의 중요성에 대해 얼마나 잘 설명하고 있는지요! 베드로는 이런 거리를 이해하지 못하고 있었습니다. 그는 아마도 여호수아 3장 4절을 제대로 공부하지 않은 듯합니다. 베드로는 자기의 복되신 주님께서 이제 막 들어가시려는 그 끔찍스러운 길에 대해서 전혀 알지 못했습니다.

"주여 내가 지금은 어찌하여 따를 수 없나이까 주를 위하여 내 목숨을 버리겠나이다."(요 13:37)

오 가련한 베드로! 그는 자신에 대해서 또 자신이 어떤 사람인지에 대해 전혀 모르고 있습니다. 그는 진지한 사람이긴 하지만, 분명한 것은 자신이 할 수 있다고 생각한 일에 참으로 무지했던 것을 봅니다. 멀리서도 들리는 사망의 엄몰하는 강물 소리만으로도 그는 공포에 질려 자신이 이제 곧 주님을 모른다고 저주하고 맹세할 사람임에 대해 전혀 상상도 하지 못했던 것입니다.

> "예수께서 대답하시되 네가 나를 위하여 네 목숨을 버리겠느냐 내가 진실로 진실로 네게 이르노니 닭 울기 전에 네가 세번 나를 부인하리라." (요 13:38)

> "그러나 너희와 그 사이 상거가 이천 규빗쯤 되게 하고" (수 3:4)

이 얼마나 필요한 일인지요! 참으로 절대적으로 필요한 일입니다! 참으로 베드로와 주님 사이에는 "거리"가 있었습니다. 예수님이 앞서 가셔야만 했습니다. 주님께서는 가장 두려운 형태로 죽음을 맞으셔야만 했습니다. 주님은 극심한 외로움 속에서 아무도 가본 일이 없는 길을 걸으

서야만 했습니다. 과연 누가 그러한 주님과 동행할 수 있었을까요?

> "그러나 너희와 그 사이 상거가 이천 규빗쯤 되게 하고 그것에 가까이 하지는 말라 그리 하면 너희 행할 길을 알리니 너희가 이전에 이 길을 지나보지 못하였음이니라." (수 3:4)

> "나의 가는 곳에 네가 지금은 따라 올 수 없으나 후에는 따라 오리라." (요 13:36)

주님을 찬송합시다! 주님은 자신이 그 길을 앞서 가보기 전에, 연약하기 그지없는 자기의 종들이 그 두려운 길에 들어서는 것을 허락하실 수가 없으셨습니다. 그래서 그 길의 성격을 전적으로 바꾸셔서 사망의 길에 도리어 생명과 썩지 아니할 것, 즉 불멸의 광선이 비추도록 하셨던 것입니다. 즉 우리 주 예수님은 "사망을 폐하시고 복음으로써 생명과 썩지 아니할 것을" 드러내셨습니다.

따라서 사망은 이제 신자에게 더 이상 사망이 아닙니다. 사망은 예수님께 격렬하게, 큰 두려움으로, 그리고 실제적으로 임했습니다. 주님은 사탄이 인간의 영혼에게 휘두를 수 있는 힘과 권세에 준하는 사망을 맛보셨습니다. 주님은 죄에 부과되는 형벌로서 죽음을 맛보셨습니다. 주님은 죄에 대한, 그리고 우리에 대한 하나님의 공의로운 심판인 죽음을 받으셨습니다. 주님은 사망에 이를 만한 조금의 모양도, 조금의 흠도, 조금의 잘못도 없으셨습니다. 하지만 주님은 이 모든 것을 다 경험하셨습니다. 하나님을 찬송합시다. 주님 안에서, 그리고 주님을 통해서 이 모든 것을 우리가 직접 받은 것으로 여김을 받고 있습니다. 우리는 그리스도 안에서 죽었습니다. 따라서 사망은 이제 더 이상 우리를 주장하지 못하며 그 권세를 행사하지 못합니다. 모든 신자들에게, 사망은 그 힘을 잃고, 그 권세는 깨어졌으며, 영원히 사라졌습니다. 사망은 이제 우리 시야에서 완전히 사라졌고, 우리에겐 오직 생명과 썩지 아니할 것만이 남게 되었습니다.

따라서 베드로의 경우에, 우리는 요한복음 마지막 장에서 주님이 자기 종의 마음의 갈망을 매우 은혜로운 방법으로 어루만져 주시는 것을 볼 수 있습니다. 베드로는 온전히 충성하고 싶었고 그 마음에 자신의 사랑하는 주님을 죽기까지 따르고 싶었습니다.

"내가 진실로 진실로 네게 이르노니 젊어서는 네가 스스로 띠 띠고 원하는 곳으로 다녔거니와 늙어서는 네 팔을 벌리리니 남이 네게 띠 띠우고 원치 아니하는 곳으로 데려가리라 이 말씀을 하심은 베드로가 어떠한 죽음으로 하나님께 영광을 돌릴 것을 가리키심이러라." (요 21:18,19)

이제 베드로에게 죽음은 하나님의 심판이기 때문에 두렵고 떨리는 것이 아니라, 자신으로 하여금 하나님께 영광을 돌릴 수 있는 수단으로 변화되었습니다.

이 얼마나 영광스러운 일입니까! 이 얼마나 위대한 신비입니까! 이 얼마나 십자가를 높이는 일이며, 또한 거기에 달리신 주님을 영광스럽게 하는 것인지요! 한 가련한 죄인이 죽음을 통해서 하나님께 영광을 돌릴 수 있다니, 이 얼마나 위대한 계시인지요! 사망은 이제 그 쏘는 것이 완전히 제거되었습니다. 그리고 그 성격이 완전히 바뀌었습니다. 이제 우리는 죽음에 대해 두려운 마음으로 움츠러들 필요가 없습니다. 만일 사망이 우리에게 닥친다 할지라도 우리는 승리의 노래를 부르며 맞이할 수 있습니다. 사망은 이제 우리에게 더 이상 감당하기 어려운 죄의 삯이 아니라, 도리어 하나님께 영광을 돌릴 수 있는 수단이 되었습니다.

우리를 위해 이 모든 일을 이루신 주님께 모든 찬송을 돌립시다. 주님은 우리를 위해 요단강의 가장 깊은 곳까지 내려가셨습니다. 그리고 구속함을 받은 자기 백성들로 하여금 하늘 유업을 얻을 수 있도록 그곳에 새롭고 산 길을 만드셨습니다! 우리의 마음으로 주님을 찬송합시다. 우리 모든 힘을 다해 그분의 거룩한 이름을 찬미합시다. 우리의 전체 삶을 주님을 찬송하는데 온전히 드립시다.

여호수아서를 좀 더 살펴보도록 하겠습니다.

"여호수아가 또 제사장들에게 일러 가로되 언약궤를 메고 백성 앞서 건너라 하매 곧 언약궤를 메고 백성 앞서 나아가니라 여호와께서 여호수아에게 이르시되 내가 오늘부터 시작하여 너를 온 이스라엘의 목전에서 크게 하여 내가 모세와 함께 있던 것같이 너와 함께 있는 것을 그들로 알게 하리라." (수 3:6,7)

여호수아는 성령의 능력 안에서 자기 백성을 인도하여 하늘 기업을 얻도록 하시는, 부활하신 그리스도의 모형으로 우리 앞에 서있습니다. 언약궤를 멘 제사장들이 요단 강물 속으로 들어간 것은 그리스도께서 우리를 위해 친히 죽음을 경험하시고, 사망 권세를 완전히 깨뜨리신 것을 예표합니다.

"주님이 사망의 어둡고
맹렬한 강물 속으로 들어가신 것은
우리의 안전을 확실히 하기 위함이라네."

하나님은 우리를 안전하게 하셨을 뿐 아니라 그리스도와의 연합으로 말미암아 이제 우리의 영과 믿음을 통해서 매일의 삶에서 우리의 안전이 실제적인 사실이 되도록 인도하십니다.

> "여호수아가 이스라엘 자손에게 이르되 이리 와서 너희 하나님 여호와의 말씀을 들으라 하고 또 말하되 사시는 하나님이 너희 가운데 계시사 가나안 족속과 헷 족속과 히위 족속과 브리스 족속과 기르가스 족속과 아모리 족속과 여부스 족속을 너희 앞에서 정녕히 쫓아내실 줄을 이 일로 너희가 알리라 보라 온 땅의 주의 언약궤가 너희 앞서 요단으로 들어가나니"(수 3:9-11)

언약궤가 요단강 속으로 들어간 것은 두 가지를 나타냅니다. 하나는 하나님의 백성 가운데 살아계신 하나님의 임재를 나타내주고 또 다른 하나는, 하나님께서 그들에 앞서 모든 대적을 확실히 쫓아내실 것을 나타냅니다. 그리스도의 죽음은 이러한 우리의 믿음에 대한 모든 근거와 보증입니다. 여기서 우리에게 주는 가장 큰 교훈은 그리스도는 우리를 위해 사망 속으로 내려가셨다는 것이고, 이 한 가지 위대한 사실을 통해서 모든 것이 안전하게 되었다고 확신 있게 말할 수 있게 된 점입니다. 하나님이 우리와 함께 하십니다. 또한 하나님이 우리를 위하십니다.

> "자기 아들을 아끼지 아니하시고 우리 모든 사람을 위하여 내어 주신 이가 어찌 그 아들과 함께 모든 것을 우리에게 은사로 주지 아니하시겠느뇨"(롬 8:32)

불신앙은 "하나님이 과연 그렇게 하실까?" 하고 의심하는 것이라면, 참된 신앙은 "하나님이 어찌 그러실 수 없단 말인가?" 하고 도리어 반문하는 것입니다.

이스라엘 백성들은 그들 앞에 있는 가나안 모든 족속들을 어떻게 쫓아낼 수 있을지 염려했습니다. 하지만 그들은 염려를 그치고 요단강 한 가운데 있는 언약궤를 바라보아야 했습니다. 우리는 염려하지 않을수록 더 큰 믿음 속으로 들어갑니다. 그러므로 우리는 그리스도께서 우리를 위해 죽으셨다는 것을 보면서, 우리가 믿지 못할 이유가 무엇이 있겠는가 라고 말할 수 있습니다.

 우리 모두를 위해 자기의 독생자를 아끼지 아니하시고 내어주신 하나님이시기에, 우리를 위해서라면 너무 좋아서, 너무 위대해서, 너무 영광스러워서 못하실 것이 없으신 하나님이십니다. 모든 것이 그리스도의 보배로운 죽음을 통해서 우리를 위해 확보되었습니다. 그리스도의 죽음은 하나님의 사랑이라는 영원한 수문을 활짝 열어 놓았습니다. 따라서 그 풍성한 사랑의 강물줄기가 우리 영혼의 깊은 곳까지 흘러넘치게 되었습니다.

 하나님의 유일한 독생자를 우리를 위해 그 저주받은 나무에서 아끼지 아니하셨던 하나님이 이제 우리의 모든 필요를 채워주시고, 우리의 모든 환난 중에서 우리를 돌아보시며, 우리를 위해 쌓아두신 하나님의 영원한 은혜의 섭리를 우리로 하여금 소유케 하시고, 또한 누리도록 하실 것이란 달콤한 확신으로 우리의 마음을 충만하게 해주십니다.

우리가 아직 죄인 되었을 때에 그처럼 놀라운 사랑의 증거를 주신 하나님께, 우리를 위해 죽으심으로 하나님 아버지를 영광스럽게 하신 복스러운 주님과 연합된 자로 우리를 보시는 하나님께, 이제 우리가 받지 못할 것이 그 무엇이 있을까요?

이스라엘 백성들이 요단강 가운데 있는 언약궤를 보았을 때, 그들은 모든 것이 '확보되어 있다(secured)'는 확신을 가질 수 있었습니다. 참으로 그들은 그런 확신을 소유하고 있었습니다. 그들은 하나님이 주신 기업 위에 자신의 발을 친히 내디뎌야만 했습니다. 사망의 흑암한 강물을 멈추게 한 능력은 또한 그들 앞에 있는 모든 대적을 내쫓을 수 있었고 또한 하나님이 약속하신 모든 유업을 평안한 중에 소유하도록 해줄 수 있었습니다.

5장
참된 영적 길갈의 체험을 위한 권고

"나를 위해 주 예수님, 당신이 죽으셨습니다.
그리고 나 또한 당신 안에서 죽었습니다.
그리고 당신은 다시 살아나셨고,
나를 묶었던 속박을 모두 풀어주셨습니다.
이제 당신은 내 안에 살아계십니다.
아버지의 얼굴에 있는 은혜의 밝은 광채
이제 나를 향해 밝게 빛납니다."

5장

참된 영적 길갈의 체험을 위한 권고

완전한 구원이란 주제를 마치면서 우리의 관심을 집중해온 이 메시지의 실제적인 적용에 대해서 우리는 생각해 보아야 합니다. 만일 예수님이 우리를 위해 죽으신 것이 사실이라면, 물론 사실이지만, 우리도 그분 안에서 죽은 것 또한 사실이라는 것입니다. 다음의 시는 이것을 잘 표현하고 있습니다.

"나를 위해 주 예수님, 당신이 죽으셨습니다.
그리고 나 또한 당신 안에서 죽었습니다.
그리고 당신은 다시 살아나셨고,

나를 묶였던 속박을 모두 풀어주셨습니다.

이제 당신은 내 안에 살아계십니다.

아버지의 얼굴에 있는 은혜의 밝은 광채

이제 나를 향해 밝게 빛납니다."

이제 이것은 더할 나위 없는 위대한 실제적인 진리입니다. 이 진리는 기독교의 참된 기초입니다. 그리스도는 우리를 위해 죽으심으로써 우리의 모든 옛 상태로부터, 또한 거기에 속한 모든 것으로부터 우리를 완전히 건져내셔서 전적으로 새로운 위치로 옮기셨습니다. 우리는 부활의 땅에서 사망의 어두운 강물을 뒤돌아 볼 때, 생명의 주님이 우리를 위해 이루신 승리의 기념비를 그 강물의 가장 깊은 곳에서 볼 수 있습니다. 이제는 사망이 우리 앞에 놓여 있지 않습니다. 우리는 다만 그것을 뒤돌아볼 뿐입니다. 우리는 참으로 "사망의 두려움이 내게서 지나갔다"고 말할 수 있습니다. 예수님은 우리를 위해서 가장 끔찍한 상태로 사망을 맛보셨습니다. 이 사실은 마치 요단강이 가장 무서운 상태에 있을 때 강물이 갈라진 것과 같습니다.

> "요단이 모맥 거두는 시기에는 항상 언덕에 넘치더라."
> (수 3:15)

우리 주님은 우리의 마지막 원수인 사망을 대면하시고, 가장 무서운 상태에 있는 그 원수를 정복하셨습니다. 그리고 사망의 어둡고 음울한 지경의 한 복판에서 밝게 빛나는 영광스러운 승리의 기록을 남겼습니다. 모든 찬송과 존경과 찬미가 우리 주님의 비할 데 없는 이름에게 돌려지기를! 우리가 믿음과 영으로써(by faith and in spirit) 요단강의 (건너편) 가나안 쪽에 서서, 우리의 참된 여호수아이신 구주께서 우리를 위해 이루신 일을 기념하는 것은 우리의 특권입니다.

> "온 백성이 요단 건너기를 마치매 여호와께서 여호수아에게 일러 가라사대 백성의 매 지파에 한 사람씩 열두 사람을 택하고 그들에게 명하여 이르기를 요단 가운데 제사장들의 발이 굳게 선 그곳에서 돌 열 둘을 취하고

그것을 가져다가 오늘밤 너희의 유숙할 그 곳에 두라 하라 여호수아가 이스라엘 자손 중에서 매 지파에 한 사람씩 예비한 그 열두 사람을 불러서 그들에게 이르되 요단 가운데 너희 하나님 여호와의 궤 앞으로 들어가서 이스라엘 자손들의 지파 수대로 각기 돌 한 개씩 취하여 어깨에 메라 이것이 너희 중에 표징이 되리라 후일에 너희 자손이 물어 가로되 이 돌들은 무슨 뜻이뇨 하거든 그들에게 이르기를 요단 물이 여호와의 언약궤 앞에서 끊어졌었나니 곧 언약궤가 요단을 건널 때에 요단 물이 끊어졌으므로 이 돌들이 이스라엘 자손에게 영영한 기념이 되리라 하라."(수 4:1-7)

이스라엘 백성의 온 회중은 위대한 일이 일어났음을 잊지 말아야 했고 또한 실제적으로 그 일을 기념해야 했습니다. "매 지파에 한 사람씩," 제사장들의 발이 굳게 선 바로 그곳에서 돌들을 취하여 "이스라엘 자손들의 지파 수대로 각기 돌 한 개씩 취하여 어깨에 메도록" 한 것입니다. 모든 사람들은 요단강물의 흐름이 끊어지는 놀랍도록 신비한 사건을 각 개인의 살아 있는 체험으로 맛보아야 했습니다. 모든 백성들은 후일에 그들의 자손들이 이것이 무슨 뜻인지 물어야만 하는 기념비적인 사건에 참여하고 있었습니다. 이 일은 결코 잊어버려져서는 안 되는 사건이었습니다.

여기에 얼마나 놀라운 교훈이 있는지요! 우리 또한 과연 이 기념비적인 사건을 경험한 적이 있습니까? 어린아이의 마음에서 조차 충격을 받을 정도의 증거, 즉 우리 예수님이 우리를 위해 사망의 권세를 깨뜨리신 사실을 나타내는 증거가 우리에게 있습니까? 우리 매일의 삶 속에 그리스도께서 우리를 위해 죽으셨고, 우리 또한 그리스도와 함께 죽었다는 실제적인 어떤 증거가 나타나고 있습니까?

"각기 돌 한 개씩 취하여 어깨에 메라"는 말씀에 나타난 교훈을 따라 우리의 실제적인 삶 속에 날마다 응답하는 것이 있습니까? 우리 각 사람은 이미 요단강을 건넜으며 이제 하늘에 속한 사람, 곧 육신에 있지 않고 성령 안에 있는 사람임을 분명히 선언할 수 있습니까? 과연 우리의 자녀들이 우리의 습관과 행동을 보면서, 우리의 정신과 태도를 보면서, 우리의 전체 인격과 삶의 방식을 보면서, 자연스럽게 "이러한 것들이 무슨 뜻입니까?" 하고 질문할 만한 것이 있을까요? 우리는 진정 그리스도와 함께 죽었기에 죄에 대하여 또 세상에 대하여 죽은 사람처럼 살고 있습니까? 부활하신 그리스도와 연합의 능력 안에서 실제로 세상에는 관심이 없이, 이 세상에 있는 것들을 떠나보내는 삶을 살고 있습니까?

사랑하는 그리스도인 독자 여러분, 이러한 질문들은 우리 자신의 영혼을 살펴볼 수 있는 질문들입니다. 하나님 앞에 있는 것 같이, 정직하게 이 질문들에 대답해보시기 바랍니다. 우리는 신앙을 입술로만 고백하며 또 이론적으로만 아는데 그치기가 쉽습니다. 우리는 종종 예수님께서 우리를 위해 죽으셨고, 우리 또한 그리스도 안에서 죽었다는 것을 믿는다고 말합니다. 하지만 그 증거가 어디에 있습니까? 생생한 기억 속에 그 기념물이 있습니까? 당신 어깨 위에 짊어졌던 돌은 어디에 있습니까? 하나님 앞에서 정직하게 우리 자신을 판단해봅시다.

"우리가 죽었고 우리 생명이 하나님 안에서 그리스도와 함께 감추어 있다"는 이 위대한 진리를 실천하는데 있어서 조금이라도 철저하지 못하거나, 실제적인 것이 아니거나, 습관적으로 경험하는 것이 아니라면, 더 이상 느긋하게 자족하지 않도록 합시다. 단순히 입술로만 믿는다고 고백하는 것은 전혀 가치가 없습니다. 우리는 살아있는 능력, 즉 진리를 경험한 결과로 나타나는 실제적인 열매를 원합니다.

"정월 십일에 백성이 요단에서 올라와서 여리고 동편 지경 길갈에 진치매 여호수아가 그 요단에서 가져온 열두 돌 - 매우 특별한 의미가 있는, 다른 돌로는 그런 이야기, 그런 교훈을 말해 줄 수 없는, 또한 그렇게 엄청난 사실을 상징해줄 수 없는, 유일무이한 돌 - 을 길갈에 세우고 이스라엘 자손들에게 일러 가로되 후일에 너희 자손이 그 아비에게 묻기를 이 돌은 무슨 뜻이냐 하거든 너희는 자손에게 알게 하여 이르기를 이스라엘이 마른 땅을 밟고 이 요단을 건넜음이라 너희 하나님 여호와께서 요단 물을 너희 앞에 마르게 하사 너희로 건너게 하신 것이 너희 하나님 여호와께서 우리 앞에 홍해를 말리시고 우리로 건너게 하심과 같았나니 이는 땅의 모든 백성으로 여호와의 손이 능하심을 알게 하며 너희로 너희 하나님 여호와를 영원토록 경외하게 하려 하심이라 하라." (수 4:19-24)

이제 우리는 길갈에 있는 이스라엘 민족을 봅니다. 여호와께서 여호수아에게 명하사 백성에게 이르게 하신 일 곧 모세가 여호수아에게 명한 일이 다 마쳐졌습니다. 이스라엘 백성 모두가 다 요단강을 건넜고, 단 한 사람도 죽음의 강이 감히 건드리지 못했습니다. 하나님의 은혜가 그들로 하여금 조상들에게 약속한 기업의 땅으로 모두 안전하게 들어가도록 했습니다. 그들은 홍해를 건넘으로써 애굽에서 분리되었을 뿐 아니라 요단강을 마른 땅처럼 건넘으로써 가나안 땅으로 들어가 여리고 평지인 길갈에 진을 친 것입니다.

이제 다음 구절들을 주목해보십시오. "요단 서편의 아모리 사람의 모든 왕과 해변의 가나안 사람의 모든 왕이 여호와께서 요단 물을 이스라엘 자손들 앞에서 말리시고 우리를 건네셨음을 듣고 마음이 녹았고 이스라엘 자손들의 연고로 정신을 잃었더라." 이 구절을 주목해야 합니다. 모든 족속들이 이스라엘 자손들에 대한 생각 때문에 극도의 두려움으로 마비될 지경이었습니다. "그 때에 여호와께서 여호수아에게 이르시되 너는 부싯돌로 칼을 만들어 이스라엘 자손들에게 다시 할례를 행하라." (수 5:1-2)

이것은 얼마나 깊은 의미가 있는지요! "부싯돌로 만든 매우 날카로운 칼!" 이것은 얼마나 암시적이며 또 얼마나 필요한 것인지요! 만일 이스라엘 자손들이 가나안 사람들에게 칼을 사용하려면, 먼저 자신들에게 이 날카로운 칼을 적용해야만 했습니다. 그들은 광야에서 할례를 받지 않았습니다. 애굽의 수치가 그들에게서 굴러가지 않았던 것입니다. 그들은 유월절을 기념하고, 또 가나안 땅의 소산물인 곡식을 먹기 전에, 우선적으로 자신들에게 선언된 죽음을 경험해야만 했습니다. 분명 이 일은 그들에게 기분 좋은 일은 아니었을 것이 분명하지만, 반드시 실행되어야만 했던 일입니다. 애굽의 수치를 안고 있으면서 어떻게 가나안을 정복할 수 있을까요? 어찌 할례 받지 않은 백성들이 가나안 족속과 싸워 이길 수 있을까요? 불가능한 일입니다. 날카로운 칼은 이스라엘 백성들이 가나안 음식을 먹고, 또 전쟁을 수행하기 전에 이스라엘 진 전체에서 본연의 임무를 수행해야만 했습니다.

"여호수아가 부싯돌로 칼을 만들어 할례 산에서 이스라엘 자손들에게 할례를 행하니라 여호수아가 할례를 시행한 까닭은 이것이니 애굽에서 나온 모든 백성 중 남자 곧 모든 군사는 애굽에서 나온 후 광야 노중에서 죽었는데 그 나온 백성은 다 할례를 받았으나 오직 애굽에서 나온 후 광야 노중에서 난 자는 할례를 받지 못하였음이라…여호와께서 여호수아에게 이르시되 내가 오늘날 애굽의 수치를 너희에게서 굴러가게 하였다 하셨으므로 그 곳 이름을 오늘까지 길갈이라 하느니라 이스라엘 자손들이 길갈에 진쳤고 그 달 십사일 저녁에는 여리고 평지에서 유월절을 지켰고 유월절 이튿날에 그 땅 소산을 먹되 그 날에 무교병과 볶은 곡식을 먹었더니 그 땅 소산을 먹은 다음 날에 만나가 그쳤으니 이스라엘 사람들이 다시는 만나를 얻지 못하였고 그 해에 가나안 땅의 열매를 먹었더라."(수 5:3-12)

우리는 여기에서 그리스도인의 완전한 지위에 대한 모형을 보게 됩니다. 그리스도인은 세상에 대하여 죽었고, 그리스도와 함께 십자가에 못 박혔으며, 지금 그리스도께서 계신 그곳에서 그와 함께 연합을 이루고 있는 하늘에 속한 사람들입니다. 그리고 그리스도의 재림을 기다리는 동안 마음은 그리스도로 가득하고, 그리스도에 대한 묵상으로 새롭게 된 우리 영혼의 양식을 삼는 사람들입니다.

그러한 것이 그리스도인의 위치이며, 또한 그것이 그리스도인의 분깃입니다. 하지만 충만한 기쁨 속으로 더욱 들어가려면 반드시 자연인에 속한 모든 것들에게 "날카로운 칼"의 적용이 있어야 합니다. 성경에서 말하는 "옛 사람"에게 사형선고가 내려져야 합니다.

우리가 만일 하늘에 속한 사람으로서 우리의 신분과 우리의 위치를 유지하고 또 누리려면 이 모든 것들이 실제적이고 현실적으로 이루어져야만 합니다. 우리가 만일 육신의 본성 가운데 살고 있다면, 우리가 만일 낮고 천한 세상의 분위기에 젖어 살고 있다면, 우리가 만일 이 세상을 추구하며 이 세상의 쾌락과 정치와 부귀와 세상적인 명예와 패션과 영예를 좇고 있다면, 그렇다면 부활하신 머리되신 주님과의 사귐을 갖는다는 것은 불가능한 일입니다.

(여기서 독자들은 가나안 땅의 곡식이란 부활하시고 영화롭게 되신 그리스도의 모형임을 주목해야 합니다. 만나는 겸손 가운데 자신을 낮추신 그리스도를 상징합니다. 겸비하신 그리스도를 기억하는 것은 우리 영혼에게 말로 표현할 수 없이 귀한 일입니다. 자신을 낮추셔서 겸손하시며, 또 자신을 비우신 주님의 본을 돌이켜 추억해보는 일은 참으로 달콤한 일입니다. 이것은 감춰진 만나 - 이 땅에서 겸손하게 자신을 낮추신 그리스도 - 를 먹는 것과 같습니다. 그럼에도 불구하고 부활하시고, 승천하셔서,

영광 가운데 들어가신 그리스도는 그리스도인의 마음의 참된 목적과 대상입니다. 이 그리스도로 인해서 행복감을 누리고자 한다면, 그리스도의 할례의 영적인 적용을 통해 악한 세상의 수치가 우리에게서 떠나가도록 해야 합니다.)

그리스도는 하늘에 계십니다. 우리가 영으로 또 믿음으로 주님이 계신 그곳에서 살게 될 때, 그분을 누리게 됩니다. 주님은 이 세상에 속한 분이 아닙니다. 우리가 만일 세상에 속한 존재라면 우리는 결코 그리스도와의 사귐을 누릴 수 없습니다.

> "만일 우리가 하나님과 사귐이 있다 하고 어두운 가운데 행하면 거짓말을 하고 진리를 행치 아니함이거니와"
> (요일 1:6)

이것은 매우 중대한 일입니다. 만일 내가 세상에서 세상에 속한 자로 살고 있다면 나는 어두운 가운데 행하고 있는 것이며, 따라서 하늘에 계신 그리스도와의 사귐은 있을 수가 없습니다. 복된 사도 바울은 "(그러므로) 너희가 세상의 초등 학문에서 그리스도와 함께 죽었거든 어찌하여 세상에 사는 것과 같이 의문에 순종하느냐"(갈 2:20)고 말합니다. 우리는 진정 이 구절의 의미를 이해하고 있습니까? "세상에 사는 것과 같이"라는 표현 속에 담긴 강력함의 무게를 느껴본 일이 있습니까? 그리스도인은 세상에 사는 것과 같이 살면 안 되는 걸까요? 물론 안 됩니다.

그리스도인은 영으로 그리스도께서 계신 곳에서 살아야 합니다. 물론 그리스도인은 이 땅에 살면서 하나님이 자신에게 허락하신 다양한 삶의 영역과 또 다양한 삶의 관계 속에서 움직이고 행합니다. 하지만 그리스도인의 본향은 하늘에 있습니다. 그의 생명도 하늘에 있습니다. 그의 목적, 그의 안식, 그의 모든 것이 다 하늘에 있습니다. 그리스도인은 땅에 속한 존재가 아닙니다. 그의 시민권은 하늘에 있습니다. 매일의 실제 삶에서 이 모든 것을 하나님의 뜻대로 유지하려면 날마다 자기를 부인하고, 땅에 있는 자신의 지체를 죽여야 합니다.

이에 관한 모든 것들이 골로새서 3장에 자세히 기록되어 있습니다. 사실 다음 구절에서 제시하고 있는 것보다 "길갈"의 참된 의미를 확연하게 드러내주는 것도 없습니다.

"그러므로 너희가 그리스도와 함께 다시 살리심을 받았으면 위엣 것을 찾으라 거기는 그리스도께서 하나님 우편에 앉아 계시느니라 위엣 것을 생각하고 땅엣 것을 생각지 말라 이는 너희가 죽었고 너희 생명이 그리스도와 함께 하나님 안에 감취었음이니라 우리 생명이신 그리스도께서 나타나실 그 때에 너희도 그와 함께 영광 중에 나타나리라." (골 3:1-4)

이제 우리는 "길갈"과 "날카로운 칼"의 참된 영적인 의미와 적용 부분에 이르렀습니다.

"그러므로 땅에 있는 지체를 죽이라 곧 음란과 부정과 사욕과 악한 정욕과 탐심이니 탐심은 우상 숭배니라." (골 3:5)

성령님께서 그리스도인으로서의 우리의 위치, 우리의 분깃, 우리의 실제적인 삶에 대해 더 깊고 더 충만한 지혜를 우리에게 주시길 기도합니다. 또한 하나님께서 우리로 하여금 참된 영적인 길갈의 체험을 통해 가나안 땅의 곡식을 먹는 것이 무엇인지 더 많이 경험하도록 도우시길 빕니다. 그렇게 하게 될 때, 우리는 우리가 부르심을 받은 영적인 전쟁과 신령한 봉사에 더욱 합당한 사람들로 변화될 것입니다. 아멘.

형제들의 집 도서 안내

1. 조지 뮐러 영성의 비밀
   조지 뮐러 지음/이종수 옮김/값 1,000원
2. 수백만을 감동시킨 사람을 감동시킨 바로 그 사람: 헨리 무어하우스
   존 A. 비올리 지음/이종수 옮김/값 1,000원
3. 내 영혼의 만족의 노래
   W.T.P 월스톤 지음/이종수 옮김/값 1,000원
4. 모든 일을 하나님의 영광을 위하여 하라
   해리 아이언사이드 지음/이종수 옮김/값 1,000원
5. 잃어버린 영혼을 위해서 어떻게 기도해야 하는가
   오스왈드 샌더스, 찰스 스펄전 지음/이종수 옮김/값 1,000원
6. 윌리암 켈리의 로마서 복음의 진수
   윌리암 켈리 지음/이종수 옮김/값 5,000원
7. 이것이 거듭남이다[개정판]
   알프레드 깁스 지음/이종수 옮김/값 9,000원
8. 존 넬슨 다비의 영성있는 복음
   존 넬슨 다비 지음/이종수 옮김/값 5,000원
9. 로버트 클리버 채프만의 사랑의 영성
   로버트 C. 채프만 지음/이종수 옮김/값 5,000원
10. 영성을 깊게 하는 레위기 묵상
    C.H. 매킨토시 외 지음/이종수 옮김/값 5,000원
11. 존 넬슨 다비의 성경주석: 빌립보서
    존 넬슨 다비 지음/이종수 옮김/값 5,000원
12. 존 넬슨 다비의 히브리서 묵상[개정판]
    존 넬슨 다비 지음/정병은 옮김/값 11,000원
13. 조지 커팅의 영적 자유
    조지 커팅 지음/이종수 옮김/값 4,000원
14. 윌리암 켈리의 해방의 체험
    윌리암 켈리 지음/이종수 옮김/값 3,000원
15. 존 넬슨 다비의 성경주석: 골로새서[개정판]
    존 넬슨 다비 지음/이종수 옮김/값 8,000원
16. 구원 얻는 기도
    이종수 지음/값 5,000원
17. 영혼의 성화
    프랭크 빈포드 호올 지음/이종수 옮김/값 1,000원
18. 당신은 진짜 거듭났는가?
    아더 핑크 지음/박선희 옮김/값 4,500원
19. C.H. 매킨토시의 완전한 구원[개정판]
    C.H. 매킨토시 지음/이종수 옮김/값 5,500원
20. 존 넬슨 다비의 하나님의 뜻을 분별하는 법
    존 넬슨 다비 지음/이종수 옮김/값 1,000원
21. 존 넬슨 다비의 성경주석: 요한계시록
    존 넬슨 다비 지음/이종수 옮김/값 10,000원

22. 주 안에 거하라
해밀턴 스미스, 허드슨 테일러 지음/이종수 옮김/ 값 1,000원
23. C.H. 매킨토시의 하나님의 선물
C.H. 매킨토시 지음/이종수 옮김/값 4,000원
24. 존 넬슨 다비의 성경주석: 에베소서
존 넬슨 다비 지음/이종수 옮김/값 8,000원
25. 존 넬슨 다비의 영적 해방
존 넬슨 다비 지음/문영권 옮김/값 7,000원
26. 건강하고 행복한 그리스도인이 되는 법
어거스트 반 린, J. 드와이트 펜테코스트지음/ 값 1,000원
27. 존 넬슨 다비의 성경주석: 로마서
존 넬슨 다비 지음/문영권 옮김/값 12,000원
28. 존 넬슨 다비의 성화의 길
존 넬슨 다비 지음/이종수 옮김/값 4,500원
29. 기독교 신앙에 회의적인 사랑하는 나의 친구에게
로버트 A. 래이드로 지음/박선희 옮김/값 5,000원
30. 이수원 선교사 이야기
더글라스 나이스웬더 지음/이종수 옮김/값 5,000원
31. 체험을 위한 성령의 내주, 그리고 충만
조지 커팅 지음/이종수 옮김/값 4,500원
32. 존 넬슨 다비의 성경주석: 갈라디아서
존 넬슨 다비 지음/이종수 옮김/값 4,800원
33. 존 넬슨 다비의 성경주석: 요한서신서·유다서
존 넬슨 다비 지음/문영권 옮김/값 8,000원
34. 존 넬슨 다비의 성경주석: 데살로니가전·후서
존 넬슨 다비 지음/이종수 옮김/값 8,000원
35. 그리스도와의 연합과 구원(성경공부교재)
문영권 지음/값 2,500원
36. 그리스도와의 연합과 성화(성경공부교재)
문영권 지음/값 3,000원
37. 사도라 불린 영적 거장들
이종수 지음/값 7,000원
38. 당신은 진짜 하나님을 신뢰하는가
조지 뮬러 지음/ 이종수 옮김/값 4,500원
39. 그리스도와 연합된 천상적 교회가 가진 영광스러운 교회의 소망
존 넬슨 다비 지음/ 문영권 옮김/ 값 13,000원
40. 가나안 영적 전쟁과 하나님의 전신갑주
존 넬슨 다비 지음/ 이종수 옮김/ 값 2,000원
41. 죄 사함, 칭의 그리고 성화의 진리
고든 헨리 해이호우 지음/ 이종수 옮김/ 값 2,000원
42. 하나님을 찾는 지성인, 이것이 궁금하다!
김종만 지음/ 값 10,000원

43. 이것이 그리스도의 심판대이다
                                이종수 엮음/ 값 8,000원
44. 존 넬슨 다비의 성경주석: 마태복음
                        존 넬슨 다비 지음/이종수 옮김/값 16,000원
45. C.H. 매킨토시의 하나님에 관한 진실
                        C.H. 매킨토시 지음/이종수 옮김/값 1,000원
46. 존 넬슨 다비의 성경주석: 여호수아
                        존 넬슨 다비 지음/문영권 옮김/값 8,000원
47. 찰스 스탠리의 당신의 남편은 누구인가
                        찰스 스탠리 지음/이종수 옮김/값 4,000원
48. 존 넬슨 다비의 성령론
                        존 넬슨 다비 지음/이종수 옮김/값 13,000원
49. 존 넬슨 다비의 영적 해방의 실제
                        존 넬슨 다비 지음/이종수 옮김/값 5,000원
50. 존 넬슨 다비의 주요사상연구: 다비와 친구되기
                                문영권 지음/값 5,000원
51. 존 넬슨 다비의 죽음 이후 영혼의 상태
                        존 넬슨 다비 지음/이종수 옮김/값 5,000원
52. 신학자 존 넬슨 다비 평전
                                이종수 지음/ 값 7,000원
53. 존 넬슨 다비의 요한복음 묵상
                        존 넬슨 다비 지음/이종수 옮김/값 8,000원
54. 프레드릭 W. 그랜트의 영적 해방이란 무엇인가
                        프레드릭 W. 그랜트 지음/이종수 옮김/값 4,500원
55. 홍해와 요단강을 통해서 나타난 하나님의 구원
                        윌리암 켈리 지음/ 이종수 옮김/ 값 4,800원
56. 그리스도와의 연합을 위한 성령의 역사
                        윌리암 켈리 지음/ 이종수 옮김/ 값 19,000원
57. 누가, 그리스도인인가?
                        시드니 롱 제이콥 지음/ 박영민 옮김/ 값 7,000원
58. 선교사가 결코 쓰지 않은 편지
                        프레드릭 L. 코신 지음 / 이종수 옮김/ 값 9,000원
59. 사랑의 영성으로 성자의 삶을 살다간 로버트 채프만
                        프랭크 홈즈 지음 / 이종수 옮김/ 값 8,500원
60. 므비보셋, 룻, 그리고 욥 이야기
                        찰스 스탠리 지음 / 이종수 옮김/ 값 7,500원
61. 구원의 근본 진리
                        에드워드 데넷 지음 / 이종수 옮김/ 값 6,500원
62. 회복된 진리, 6+1
                        에드워드 데넷 지음 / 이종수 옮김/ 값 6,000원
63. 당신의 상상보다 더 큰 구원
                        프랭크 빈포드 호올 지음/ 이종수 옮김/ 값 6,500원

64. 뿌리 깊은 영성의 그리스도인으로 사는 법
찰스 앤드류 코우츠 지음/ 이종수 옮김/ 값 9,000원
65. 천국의 비밀 : 천국, 하나님 나라, 그리고 교회의 차이
프레드릭 W. 그랜트 & 아달펠트 P. 세실 지음/이종수 옮김/ 값 7,000원
66. 존 넬슨 다비의 성경주석: 베드로전·후서
존 넬슨 다비 지음/장세학 옮김/ 값 7,500원
67. 존 넬슨 다비의 영광스러운 구원
존 넬슨 다비 지음/이종수 엮음/ 값 15,000원
68. 어린양의 신부
W.T.P. 월스톤 & 해밀턴 스미스 지음/ 박선희 옮김/ 값 10,000원
69. 성경에서 말하는 회심
C.H. 매킨토시 지음/ 이종수 옮김/ 값 6,000원
70. 십자가에서 천년통치에 이르는 그리스도의 길
존 R. 칼드웰 지음/ 이종수 옮김/ 값 7,500원
71. 그리스도와의 연합이란 무엇인가?
에드워드 데넷 지음/ 이종수 옮김/ 값 9,000원
72. 하늘의 부르심 vs. 교회의 부르심
존 기포드 벨렛 지음/ 이종수 옮김/ 값 16,000원
73. 당신은 진짜 새로운 피조물인가
존 넬슨 다비 외 지음/ 이종수 옮김/ 값 12,000원
74. 플리머스 형제단 이야기
앤드류 밀러 지음/ 이종수 옮김/ 값 14,000원
75. 바울의 복음, 그리스도의 영광의 복음
존 기포드 벨렛 지음/ 이종수 옮김/ 값 9,000원
76. 악과 고통, 그리고 시련의 문제
이종수 지음/ 값 9,000원
77. 요한계시록 일곱 교회를 향한 예언 메시지
존 넬슨 다비 지음/이종수 옮김/ 값 18,000원
78. 영광스러운 구원, 어떻게 받는가
존 넬슨 다비 지음/이종수 엮음/ 값 13,000원
79. 영광스러운 교회의 길
존 넬슨 다비 지음/이종수 엮음/ 값 22,000원
80. 성경을 아는 지식
존 넬슨 다비 지음/이종수 엮음/ 값 18,500원
81. 십자가의 도
존 넬슨 다비 지음/이종수 엮음/ 값 13,500원
82. 존 넬슨 다비의 성경주석: 고린도전후서
존 넬슨 다비 지음/이종수 옮김/ 값 18,500원

Originally published under the title of
"Gilgal" by C.H. Mackintosh
Copyright©Les Hodgett, Stem Publishing
7 Primrose Way, Cliffsend, Ramsgate, Kent, U.K.

Korean translation copyright
ⓒ 2009 by Brethren House, Korea
All rights reserved

C.H. 매킨토시의 완전한 구원

ⓒ형제들의 집 2009

초판 발행 • 2009.5.25
제2판 발행 • 2017.3.13
지은이 • C.H. 매킨토시
옮긴이 • 이종수
발행처 • 형제들의집
판권ⓒ형제들의집 2009
등록 제 7-313호(2006.2.6)
Cell. 010-9317-9103
홈페이지 http://brethrenhouse.co.kr
E-mail: asharp@empas.com
ISBN 978-89-93141-86-3 03230

*값은 뒤표지에 있습니다.
*잘못된 책은 바꿔드립니다.
*서점공급처는 〈생명의말씀사〉 입니다. 전화(02) 3159-7979(영업부)